Ernst Wrba

Osnabrücker Land

Radeln für die Seele

15 Wohlfühltouren

AF198490

Droste Verlag

ALLE RADTOUREN AUF EINEN BLICK

Landschaft bei Glandorf

Windmühle Lechtingen

Liebe Genussradler,

das Osnabrücker Land ist ein ideales Gebiet für ausgedehnte und entspannte Fahrradtouren. Die abwechslungsreiche Landschaft erstreckt sich von den sanften nördlichen Ausläufern der deutschen Mittelgebirge mit ihren aussichtsreichen, leicht zu erklimmenden Höhen bis in die norddeutsche Tiefebene mit weiten Feldern, Alleen, prächtigen Gutshöfen und Wasserschlössern. Auf den vorwiegend durch ländliche Gebiete führenden Routen gibt es viel zu entdecken. Versteckte prähistorische Großsteingräber, romantische Mühlen, prächtige Bauernhöfe, mittelalterliche Burgruinen und barocke Wasserschlösser, beeindruckende Industriedenkmäler, farbenfrohe Gärten, alte Klöster, riesige Gradierwerke und moderne Thermen in den Kurorten oder Aussichtstürme mit grandiosen Ausblicken sind nur einige der vielen Highlights an den Routen. Die Region ist so abwechslungsreich. Zahlreiche Rastplätze, gute Cafés, Restaurants und Biergärten sorgen für genussreiche Pausen.

Die Startpunkte der Radtouren sind so ausgewählt, dass man sie möglichst mit öffentlichen Verkehrsmitteln und dem Auto erreichen und auch günstig parken kann. Bei den meisten findet man nach der Tour noch Einkehrmöglichkeiten oder Interessantes zu besichtigen. Sämtliche Routen sind Rundtouren, in die man naturgemäß praktisch überall einsteigen kann.

Ich wünsche Ihnen beim Radeln durch das wunderschöne Osnabrücker Land viel Freude und Entspannung.

KULTUR-INFO

TOUREN-/EVENT-INFO

GENUSS-INFO

Ihr Ernst Wrba 

- 43 Kilometer
- 10 Höhenmeter
- 4 Stunden
- Rundtour

Garten des Pfarrhofs in Quakenbrück

Prächtige Höfe

Im Artland auf Giebeltour

Vom Parkplatz Neuer Markt in **Quakenbrück** starten wir in Richtung Kirchturm zur Ortsmitte, der Busbahnhof in unserem Rücken. Am Ende des Parkplatzes beginnt ein kleiner Weg, auf dem wir am gemütlichen Biergarten hinter einem urigen Fachwerkhaus mit dem italienischen Restaurant **Da Seba** ❶ vorbeikommen. Dahinter treffen wir auf den **Marktplatz** ❷, wo jeden Freitagvormittag ein wunderbarer Wochenmarkt stattfindet. Am anderen Ende des Platzes kann man im modern designten Restaurant **Anno 1510** ❸ entweder drinnen zwischen freigelegtem Fachwerk oder draußen vor dem hübschen Rathaus schön sitzen und gut essen. Neben dem Restaurant verläuft die **Große Kirchstraße** und bietet mit ihren schönen Giebeln vor der evangelischen **Marktkirche St. Sylvester** ❹ ein schönes Fotomotiv. Auch das Innere der gotischen Hallenkirche ist einen Blick wert. Am Rande des Kirchhofs springt uns ein kleines Fachwerk-Pfarrhaus mit wunderschönem Blumengarten ins Auge.

Rathaus Quakenbrück

Zurück durch die Große Kirchstraße fahren wir geradeaus vorbei an Rathaus, Marktplatz und der katholischen Kirche St. Marien. Wir folgen dem Verlauf der Fahrradstraße bis zu einer Brücke, die die breite **Deichhase** überquert. Mächtige, alte Bäume begrenzen auf beiden Seiten den Anfang des Kanals, der im 19. Jahrhundert angelegt wurde. Die Äste berühren sich hoch über dem Wasser. Unmittelbar hinter der Brücke biegen wir rechts ab und folgen über mehr als 1,5 Kilometer der **Von-Steuben-Allee,** die von prächtigen Eichen gesäumt wird. Am Ende der Allee stoßen wir auf die **Überfallhase ⑤,** die wir geradeaus auf einer schmalen Brücke überqueren. Unter ihr plätschert munter ein Teil des Wassers aus der höher gelegenen kanalisierten Hase, die hier zur Kleinen Hase wird, in das tiefer gelegene Flussbett. Bis vor Kurzem befand sich hier ein marodes Wehr, das abgerissen und durch die Sohlgleite ersetzt wurde, die es Fischen ermöglicht, flussauf- und -abwärts zu wandern.

Die Hase entspringt im Teutoburger Wald und mündet nach 170 Kilometern in die Ems. Im Hasedelta bei Quakenbrück verzweigt sie sich in die Große und die Kleine Hase. Teile des Wassers fließen auch in die Alte Hase, den Grother Kanal und in die Wrau.

Wir folgen dem Weg entlang der **Hase** bis zu einer Straße, auf die wir links abbiegen. Sie führt uns an einigen schönen Höfen vorbei. An einer Gabelung, an der sich die Radwege teilen, halten wir uns rechts. Der Weg führt hier durch eine saftig grüne Auenland-

sasas

Die Deichhase in Quakenbrück

Für die Seele

Auf ebenen Wegen an Bächen und Kanälen entlang, über grüne Weiden und goldene Äcker, vorbei an mächtigen historischen Höfen mit prächtigen Giebeln.

Bei Quakenbrück

schaft, Teil des Hase-Binnendeltas, in dem schon seit dem Mittelalter die Flüsse und Bäche kanalisiert und umgeleitet wurden. Wir erreichen schließlich eine kleine Abzweigung und biegen nach rechts ab in Richtung Bad Bergen und Bersenbrück. Vor uns liegt ein langer gerader Weg, eingerahmt von alten knorrigen Bäumen. Am Ende der wie auf dem Reißbrett entstandenen Strecke biegen wir scharf rechts ab. Am linken Wegesrand stehen alte und neu gepflanzte Obstbäume, umgeben von bunten Wiesenblumen, an denen viele Insekten ihre Freude haben. Vor einer kleinen Brücke über die Wrau befindet sich ein kleiner **Picknickplatz.** Kurz danach biegen wir wieder rechts ab und überqueren wenig später die Hase.

Bei einem Bauernhof zeigt ein Radwegweiser nach links, den wir aber ignorieren und stattdessen erst an der folgenden T-Kreuzung links abbiegen. Kurz vor Badbergen kommen wir an einem wunderschönen Gehöft vorbei, dem **Hof Roehsmann 6,** einem Artländer Vierseitenhof. Danach überqueren wir die **Dinklager Straße** geradeaus und fahren den Weg weiter entlang des Ortsrands von Badbergen. Er führt über etwas eintöniges flaches Land bis zu einer Vorfahrtstraße, auf die wir rechts abbiegen. Die Straße ist gesäumt von alten Eichen. Dem Radwegweiser Giebeltour folgend verlassen wir die Allee nach links in einen Feldweg.

Noch mehr Kulturschätze bietet ein Besuch im Artland am zweiten Septemberwochenende. An diesem Wochenende findet der Tag des offenen Denkmals statt und über 50 Höfe und andere Baudenkmäler öffnen ihre Tore für eine Besichtigung.

Hof Roehsmann

Bald trifft dieser auf einen asphaltierten Weg, auf dem wir nach links weiterfahren, bis wir nach etwa 750 Metern das **Heuerhaus Sickmann** erreichen. Das alte Fachwerkhaus liegt rechts des Wegs und sieht für ein ehemaliges Haus für Bedienstete schon recht imposant aus. Umso eindrucksvoller ist der **Hof Sickmann** 7 wenige Meter weiter, zu dem das Heuerhaus gehört. Das malerische Gebäudeensemble aus dem 17. und 18. Jahrhundert verbirgt sich hinter prächtigen alten Bäumen. In zwei sehr schön eingerichteten, äußerst geräumigen Ferienwohnungen können 12 und 14 Personen romantische Urlaubstage verbringen. Weil auf dem Hof seit den 1970er-Jahren keine Landwirtschaft mehr betrieben wurde, ist das Anwesen von Modernisierungen verschont geblieben und steht so ursprünglich und unverändert da wie eh und je.

Wir setzen die Fahrt fort, biegen nach gut 100 Metern rechts ab und kreuzen danach vorsichtig die **B 68,** die uns kurz, aber unsanft aus der bäuerlichen Idylle vergangener Jahrhunderte in die Gegenwart zurückholt. Nach 300 Metern an der zweiten Abzweigung haben wir den Straßenlärm wieder hinter uns gelassen und biegen rechts ab, um gleich auf den nächsten sehenswerten, historischen Hof zu stoßen, den **Hof Thöle 8.** Wir werfen einen Blick durch das Tor auf den schön sanierten, dreifach vorkragenden Schaugiebel mit zurückgesetztem Giebeltor. Eine vor dem Tor aufgestellte Infotafel verrät uns, dass auch hier keine Landwirtschaft mehr betrieben wird und stattdessen Familien mit behinderten Kindern in einer Ferienwohnung ihren Urlaub verbringen können.

Wir schwingen uns wieder auf die Räder und folgen weiter der Giebeltour. An der nächsten Gabelung nach 150 Metern halten wir uns rechts und danach sofort wieder links. Vor der eingleisigen **Bahnlinie,** die Cloppenburg mit Osnabrück verbindet, fahren wir rechts und queren wenig später die Gleise am Bahnübergang. Gleich darauf biegen wir wieder rechts ab und folgen dem Weg entlang dem Gleis für knapp

Hof Sickmann

Rosengarten

1 Kilometer. Wir kommen noch an einigen Höfen vorbei, die von alten Bäumen oder kleinen Wäldern umgeben sind. Am nächsten Bahnübergang queren wir erneut den Schienenstrang und folgen der Giebeltour. Nach 800 Metern erreichen wir den **Rosengarten** ⑨. Links vom Haus haben Besucher und interessierte Gartenfreunde, die um eine kleine Spende gebeten werden, Zutritt zu einem wunderschön angelegten Garten mit über 350 verschiedenen Rosensorten. Dieser Ort der Stille gehört zum Kleintierkrematorium und ist gleichzeitig letzte Ruhestätte für die geliebten Haustiere.

Nach 1 Kilometer stoßen wir auf die **Bahnhofstraße** in **Badbergen.** Wir biegen links ab auf den Radweg, fahren an einem Fabrikgebäude vorbei, wieder über die

Bahnschienen und weiter geradeaus. Nach 600 Metern bremsen wir am Hinweisschild **Hof Elting-Bußmeyer** ⑩ und folgen der Zufahrt durch einen wahrlich dunklen kleinen Wald, bis wir vor den schönen Gebäuden des Hofs stehen, in dem wir endlich einkehren können. Dazu laden das Café-Restaurant und auch ein kleiner Hofladen ein, in dem man Marmeladen, Saft, Wurst und mehr kaufen kann. Die riesige Festdiele dient ebenfalls als Restaurant und Eventlocation. Die heutigen behutsam sanierten Gebäude entstanden ab dem Jahr 1744.

Zurück durch das dunkle Wäldchen fahren wir ein kleines Stück weiter bis zur nächsten Linksabzweigung, der wir folgen und an der rückwärtigen Zufahrt zum Hof Elting-Bußmeyer vorbeikommen. Wir folgen dem Verlauf der Giebeltour und biegen nach 3 Kilometern gegenüber einem Autohaus links ab Richtung **Nortrup.** Nach etwa 1 Kilometer biegen wir an einer Kreuzung rechts und nach weiteren 1,2 Kilometern an einer T-Kreuzung links ab. Nach etwas mehr als 500 Metern treffen wir wieder auf eine T-Kreuzung, an der wir uns rechts halten müssen. Zuvor stoppen wir aber hier und statten dem schräg gegenüberliegenden **Hof Blome** mit dem Restaurant **Zur Bauernschänke** ⑪ im schmucken Fachwerkhaus einen Besuch ab. Im zauberhaften Biergarten mit Tischen, Stühlen und Bänken speist man unter Bäumen auf gepflegtem Rasen. Das Lokal ist in der Region für seine gute Küche bekannt. Am Parkplatz bei den Fahrradständern kann man in der Zwischenzeit an der E-Bike-Ladestation den Akku laden und nach der Einkehr entspannt weiterradeln.

Hof und Bauernschänke Blome

Wir setzen unsere Rundtour fort in Richtung **Farwick,** das wir nach einem halben Kilometer erreichen, und dort geradeaus zwischen Feldern und Wohnsiedlung weiterfahren, bis wir im Ort auf die **Farwickstraße,** die Ortsdurchgangsstraße, stoßen. Auf ihr biegen wir rechts ab, verlassen sie jedoch nach wenigen Metern wieder nach schräg links in den **Mühlenweg.** Der führt uns direkt zum Hotel-Restaurant **Altes Jagdhaus Spark ⑫,** einem prächtigen Artlandhof. Kurz vor dem Hotel folgen wir aber dem Mühlenweg nach links, der ab hier zur prächtigen Allee wird.

Unser Weg stößt schließlich auf die vorfahrtberechtigte **Mittelstraße,** auf die wir nach rechts abbiegen. Nach gut 400 Metern folgen wir dem Radwegweiser nach links auf den **Dahlhorter Weg,** den wir etwas längere Zeit entlangradeln. Er führt an Feldern und Äckern vorbei durch eine flache mit Baumreihen aufgelockerte Landschaft. Über die Betonfahrbahn mit Grünstreifen in der Mitte erreichen wir schließlich die

Unmittelbar neben dem Hotel-Restaurant Altes Jagdhaus Spark befindet sich der Spargelhof Hölker, in dessen Hofladen man sich während der Saison mit frischem Spargel eindecken kann.

Landstraße **Börslage,** die wir überqueren. Gleich darauf kreuzen wir an einem Waldrand eine stillgelegte einspurige Bahntrasse, deren Schienen inzwischen fast völlig von Gras, Sträuchern und Bäumen überwuchert worden sind. Die Linie verband einst Quakenbrück und Bippen mit Fürstenau. Andere Teile der Strecke sind heute mit Draisinen befahrbar.

Rast- und Ausspannhäuser waren für Reisende und ihre Pferde in vergangenen Jahrhunderten eine wichtige Möglichkeit, sich zu erholen. Die Bauernschänke Blome nahm schon 1967 diese Tradition wieder auf. Auch im Angebot hausgemachte Artländer Köstlichkeiten.

Ab dem Wald wechselt die Wegoberfläche von Beton in Schotter. Bald haben wir das kleine **Wäldchen** wieder verlassen und radeln weiter bis zu einer Kreuzung mit einer Picknickbank, an der der Schotterweg in Asphalt übergeht. Genau hier müssen wir aber links abbiegen (der Wegweiser ist leider abhandengekommen) und weiter einem Schotterweg folgen. Nach einem weiteren Kilometer biegen wir rechts ab in die Straße **Im Bruch** und rollen ab dem nächsten Bauernhof wieder auf befestigtem Untergrund weiter. Rechts hinter den Feldern sehen wir eine prächtige Windmühle, der wir gleich einen Besuch abstatten werden. Wir treffen vorher auf eine Landstraße mit begleitendem Radweg auf der gegenüberliegenden Seite, auf den wir rechts abbiegen. Gleich erscheint links vor uns, hinter dem Feld, wieder die rot gestrichene Windmühle, bekannt als **Everdings Mühle** ⑬ und ehemaliges Mühlencafé Oma Plüsch, das es heute leider in der Form nicht mehr gibt. Es öffnet nur noch für Gruppen auf Voranmeldung. Trotzdem können wir durch das geöffnete Tor zur Mühle fahren, um sie und den Garten dort aus der Nähe zu bewundern.

Hof Elting Bussmeyer

Wir folgen dem Radweg entlang der Landstraße bis **Groß Mimmelage,** wo wir an der Bushaltestelle in einem Linksbogen in den Ort abbiegen und an der ersten Abzweigung rechts der Radwegbeschilderung für die Artland-Radtour folgen. An der nächsten Abzweigung führt der Radweg nach links weiter, während wir aber geradeaus weiterfahren bis zum Ortsende und uns dort rechts halten. An einer T-Kreuzung stoßen wir auf die **Mimmelager Straße,** auf die wir links abbiegen und wieder den Radweg auf der gegenüberliegenden Seite benutzen.

Nach Überquerung des **Grother Kanals** biegen wir nach 160 Metern dem Radwegsymbol folgend rechts ab und danach den ersten Weg vor dem Pflanzenhof wieder links. Die große Wiese rechts des Wegs gehört zum **Segelfluggelände Quakenbrück.** Wir tangieren ein kleines Gewerbegebiet, das wir gleich wieder nach rechts abbiegend auf einem versteckt gelegenen Weg verlassen können. Wir fahren entlang eines Waldes zur Rechten und eines Kanals zur Linken 1 Kilometer geradeaus, bis wir am Ende des Wegs auf die **Danziger Straße** stoßen. Dort biegen wir zunächst links und danach sofort wieder rechts ab.

Bei einer Kaserne stoßen wir auf die **Friedrichstraße,** an der wir rechts abbiegen und dem Verlauf der Straße auf dem separaten Radweg folgen, wo wir bald die Schienen einer **Draisinenstrecke,** die am Quakenbrücker Bahnhof beginnt, kreuzen. Kurz darauf überqueren wir die Gleisanlage der eingleisigen **Bahnlinie** nach Osnabrück. Am darauffolgenden Kreisverkehr fahren wir geradeaus weiter Richtung Quakenbrück, wobei wir ab hier dem linksseitigen Radweg folgen. Bei einer Autowerkstatt biegen wir links ab und erreichen das Ortsschild von **Quakenbrück.** Am Ende der Straße fahren wir an der T-Kreuzung rechts. Nun müssen wir nur noch stets geradeaus fahren, bis wir auf die vorfahrtberechtigte Straße St. Antoniort treffen. Wer zum **Bahnhof** von Quakenbrück muss, biegt hier links ab, hält sich dann links und erreicht über die Bahnhofstraße sein Ziel. Um zum **Parkplatz am Neuen Markt** zu gelangen, fahren wir hier nur noch wenige Meter geradeaus um den Ausgangspunkt der Tour zu erreichen.

Everdings Mühle

Quakenbrück
Badbergen
Groß Mimmelage
Nortrup
Farwick
L 60
L 845
Überfallhase
Kleine Hase
Hindenburgstraße
Mimmelager Straße
Grother Kanal
Wohldtstraße
Lechterker Straße
Wrau
Bünne-Wehdeler Grenzkanal
Eggermühlenbach
Nortruper Straße
Bohlenbach
Vehser Straße
Bruchweg
Reitbach
Börslage
L 74
K 131
Suttruper Bach
Mittelstraße
K 132
Vehser Damm
Langenbach
Suttruper Straße
K 130
Tesselweg
Gehrder Straße
Alte Hase
Hase
Badberger Straße
Dinklager Straße
L 75
L 861
K 136
68
214
DB
P
1
2
3
4
5
6
7
8
9
10
11
12
13

Entspannung ✸✸✸✸✸
Genuss ✸✸✸
Romantik ✸✸✸✸

WIE & WANN:
Größtenteils kaum befahrene Straßen und asphaltierte Feldwege, keine nennenswerten Steigungen. Ganzjährig gut befahrbar, am schönsten im Frühling und Sommer

HIN & WEG:
Auto: Parkplatz Neuer Markt, 49610 Quakenbrück (GPS: 52.674730, 7.957816)
ÖPNV: Bf. Quakenbrück (RB), 700 Meter über Bahnhofstraße und Lange Straße zum Markt

ESSEN & ENTSPANNEN:
Da Seba ❶ Markt 6, 49610 Quakenbrück, Tel. (0 54 31) 90 65 95, www.daseba.de
Anno 1510 ❸ Lange Straße 40, 49610 Quakenbrück, Tel (0 54 31) 60 51, anno1510.de
Hof Elting-Bußmeyer ❿ Vehser Straße 7, 49635 Badbergen, Tel. (0 54 33) 2 79, www.hof-elting.de
Zur Bauernschänke ⓫ Hardelager Straße 2, 49638 Nortrup, Tel. (0 54 36) 2 49, www.zur-bauernschaenke.de
Altes Jagdhaus Spark ⓬ Mühlenweg 6, 49638 Nortrup, Tel. (0 54 36) 95 10 00

ENTDECKEN & ERLEBEN:
Ev. Pfarrkirche St. Sylvester ❹ Alenconer Straße 11, 49610 Quakenbrück
Überfallhase ❺
Hof Roehsmann ❻ Wulfter Straße 6, 49635 Badbergen, Tel. (0 54 33) 4 51, www.hof-roehsmann.de
Hof Sickmann ❼ Dammort 2, 49635 Badbergen, Tel. (0 54 33) 9 13 99 81, www.hofsickmann.de
Hof Thöle ❽ Im Langener Esch 22, 49635 Badbergen, Tel. (0 54 33) 91 35 12
Rosengarten ❾ Devern 13, 49635 Badbergen
Everdings Mühle ⓭ Mimmelager Straße 63 A, 49635 Badbergen, Tel. (0 54 36) 9 69 97 30, www.everdings-muehle.de

Telgkamp Mühle

Mühlen und Schlösser

Bilderbuch des Artlands

Vom Parkplatz in der **Lindenstraße** zwischen Einkaufsmärkten und Ortsmitte von **Ankum** starten wir Richtung Süden und überqueren gleich die an Wochentagen recht stark befahrene **B 214.** Über dem gegenüber beginnenden Voltlager Damm fahren wir geradeaus auf dem Radweg an der Straße weiter, wobei wir zunächst den links von uns liegenden **Ankumer See** passieren. Nach 1,7 Kilometern verlassen wir endlich die recht laute Straße beim Wegweiser zu einem Zeltplatz nach rechts und folgen hier dem Wegweiser für die Mühlen- und Schlössertour. An der nächsten Abzweigung fahren wir wieder rechts. Am Ende des Zauns, der den Wald links von uns umschließt, biegen wir links ab.

*Südwestlich von Ankum beginnt die **Ankumer Höhe,** die wir auf unserer Tour bis Eggermühlen tangieren. Der Höhenzug entstand vor etwa 230.000 Jahren als eiszeitliche Endmoräne am Rande des Naturraums Quakenbrücker Becken.*

Wir radeln hier nun abseits vom Straßenlärm durch eine stille Agrarlandschaft mit Getreide- und Maisfeldern, Kartoffeläckern, Bäumen am Wegesrand und vereinzelten Bauernhöfen. An der ersten Kreuzung biegen wir rechts Richtung **Aslage** ab und 600 Meter weiter folgen wir dem Radwegesymbol nach links. An der folgenden T-Kreuzung biegen wir wieder rechts ab und erkennen in der Ferne den mächtigen Turm des Anklamer

Ankumer See mit Artländer Dom

Doms. Kurz darauf erreichen wir die **Bundesstraße 214,** die wir geradeaus überqueren. Vor einem Wald biegen wir links ab. Kurz darauf taucht der Weg in einen stillen Märchenwald ein. Unser Weg gewinnt leicht an Höhe und erreicht schließlich eine T-Kreuzung, an der wir rechts und an der darauffolgenden Gabelung geradeaus weiterfahren. Wir lassen den Blick über die sanft hügelige Landschaft mit ihren weiten Feldern schweifen. Schließlich erreichen wir auf einem Hohlweg leicht bergab einen Rastplatz mit Schutzhütte unter der mächtigen **Wodan-Eiche 1.** Wie sie zu ihrem Namen kam, erfährt man auf einer Infotafel.

Rastplatz zur Wodan-Eiche

Wir setzen die Tour fort und biegen gleich nach wenigen Metern an der nächsten Abzweigung links ab. Es geht nun weiter leicht bergab bis wir in der Talsohle links des Wegs auf den zu einem Mühlteich aufgestauten Eggermühlenbach treffen. Rechts, leicht unterhalb des Wegs befindet sich die **Wassermühle Wös-**

Schloss Eggermühlen

Für die Seele

Das Artland vom Feinsten! Auf der Bilderbuchtour geht es über sanfte Hügel vorbei an idyllischen Wassermühlen, prächtigen Wasserschlössern und dem Artländer Dom.

tenesch 2. Der Heimatverein Eggermühlen rettete 1976 das vom Verfall bedrohte Mühlengebäude, dessen Ursprünge in das Jahr 1134 zurückreichen. Ein Blick auf das breite Mühlrad unter dem Vordach lohnt. Am Teich steht eine ausladende Picknickbank, die einer ganzen Truppe einen Rastplatz bietet.

Wir setzen unsere Tour fort und biegen an der ersten Abzweigung rechts ab in die **Große Allee.** Der Name ist nicht übertrieben, denn riesige alte Eichen säumen den Weg und formen eine eindrucksvolle, lange Allee. Wir ahnen schon, dass sie auf ein entsprechendes Anwesen zuführen muss, womit wir richtigliegen. Denn am Ende des Tunnels erkennen wir schon die Umrisse von **Schloss Eggermühlen 3.** Kurz vor Erreichen des barocken Wasserschlosses knickt die Allee leicht nach links ab und führt am Anwesen vorbei auf einen Kreisverkehr zu. Da wir unbedingt noch einen Blick auf die Vorderseite des privaten Schlosses erhaschen wollen, biegen wir hier rechts ab und erreichen nach 70 Metern eine Bäckerei mit Stehcafé und kleinem Supermarkt. Rechts hinter dem Haus befindet sich ein Tor, durch das wir die Schokoladenseite des Schlosses sehen können. Das Schloss steht zwar nicht für Besichtigungen offen, jedoch werden in historischen Nebengebäuden des immer noch voll bewirtschafteten Hofs Ferienwohnungen angeboten.

Wieder zurück an der Straße fahren wir nun zum Kreisverkehr. Dort geht es geradeaus am Ortsrand von **Eggermühlen** auf dem Radweg auf der linken Straßenseite weiter. Nachdem wir den Ort hinter uns gelassen haben, wird die Straße von großen, alten Kirschbäumen gesäumt. Auf dieser außergewöhnlichen Allee erreichen wir schließlich **Kettenkamp.** Nach den ersten Häusern biegen wir rechts in die **Burenstraße** ab, die an einer T-Kreuzung endet. Dort folgen wir dem nach links zeigenden braunen Wegweiser zu **Telgkamps Mühle** **4,** zu der wir einen kleinen Abstecher machen. Nach 150 Metern weist wieder ein Wegweiser nach rechts zur hinter Bäumen versteckten Mühle mit ihren Nebengebäuden. Wir stellen die Räder vor der Mühle ab, an der es auch eine Ladestation für E-Bikes gibt, um zur Rückseite des eigentlichen Mühlengebäudes zu gelangen, an dem sich stetig ein Mühlrad dreht. Der Eggermühlenbach und der kurze Kanal zum Wasserrad bilden eine kleine Insel zwischen Mühle und einem Wäldchen, auf der eine überdachte Picknickbank geradezu auf uns gewartet hat. Das Wasser plätschert und die Vögel zwitschern im Schatten der Bäume – ein wahrlich idyllischer Ort für eine Pause.

Telgkamp Mühle

Wir fahren zurück zur Straße und biegen nach links in die Richtung, aus der wir gekommen sind. Nach dem Ortsausgangsschild von Kettenkamp geht es erneut nach links. Bei einem Stoppschild überqueren wir die **Ankumer Straße** und fahren weiter geradeaus vorbei an großen Feldern und kleinen Wäldern, in denen sich große Höfe verstecken. An einer T-Kreuzung biegen wir links ab in eine schnurgerade Straße, die tunnelartig von Bäumen und Sträuchern umschlossen wird. Am Ende des Tunnels stoßen wir auf eine Straße, an der wir rechts auf den linksseitigen Radweg abbiegen. Wir kommen schließlich zu einem Kreisverkehr, an dem wir einen kleinen Abstecher zu einem der Highlights dieser Tour machen, indem wir rechts abbiegen. Die prächtige Eichenallee lässt wieder die Nähe eines herrschaftlichen Anwesens erahnen. Links des Wegs taucht hinter einem Wassergraben das **Schloss Loxten** 5 auf, das Ende des 17. Jahrhunderts im Stil der niederländischen Renaissance erbaut wurde. Auch dieses Schloss ist in privater Hand und wir können es leider nicht besichtigen. Aber auch von der Straße aus bekommt man einen recht guten Eindruck.

Zur Fortsetzung der Tour radeln wir zurück zum Kreisverkehr, biegen nun rechts ab und erreichen bald darauf **Farwick.** Im Ort biegen wir rechts in die Friedhofstraße und fahren Richtung **Bersenbrück.** An der ersten Kreuzung fahren wir rechts in die **Kirchstraße** und an der nächsten Abzweigung wieder links in den Fis-

Wasserschloss Loxen

Kloster Bersenbrück

senpad. Der Weg verlässt die Ortschaft und erreicht eine T-Kreuzung, an der es für uns rechts weitergeht. Schließlich treffen wir auf eine Landstraße, vor der wir auf den Radweg nach links abbiegen und unsere Fahrt fortsetzen, bis wir ihn nach 1,8 Kilometern nach schräg links auf das Sträßchen Im kleinen Feld wieder verlassen. Unsere Tour führt nun durch eine stille, parkähnliche Landschaft mit Wäldern und Baumreihen an weiten Feldern vorbei. Dabei dürfen wir nach einer langen Kurve nicht den kleinen Radwegweiser übersehen, der uns nach links in den **Bergjansweg** abbiegen heißt. An der nächsten T-Kreuzung fahren wir wieder rechts, passieren bald darauf einen kleinen Hofladen und überqueren über eine Brücke die **B 68.** Schließlich erreichen wir ein Gewerbegebiet am Stadtrand von **Bersenbrück.**

An einer Kreuzungsampel biegen wir links ab auf die **Ankumer Straße (B 214)** und folgen dem Radweg bis zu einer leichten Linkskurve, wo wir an einer weiteren Ampel schräg rechts zur **Stadtmitte** abbiegen. An der nächsten Kreuzung treffen wir auf den **Markt,** wo immer dienstags Wochenmarkt abgehalten wird. Zu unserer Rechten befindet sich eine E-Bike-Ladestation vor dem Rathaus, zu unserer Linken die **Gelateria Eiscafé Am Markt ❻** und die Touristinformation. Das Ende des Marktplatzes markieren das Torhaus und das malerische Gebäudeensemble von **Kloster Bersenbrück ❼.**

Am anderen Ende des Marktplatzes beginnt die **Lindenstraße,** auf der wir nun durch die Stadtmitte fahren. Auf der linken Seite entdecken wir das **Postamt Kneipe und Restaurant ❽** mit schönem Ambiente und ebenso nettem Biergarten, wo auch an den Abenden

*Wer mit der Bahn anreisen möchte, steigt am besten in **Bersenbrück** in die Tour ein. 200 Meter nördlich des Bahnhofs quert unsere Route auf der Lindenstraße die Bahnlinie. Mit dem RE 18 ist Bersenbrück von Osnabrück und von Oldenburg gut zu erreichen.*

in der Woche etwas los ist. Ein Stückchen weiter auf derselben Straßenseite kann man beim italienischen **Restaurante Verona** ⑨ ebenfalls schön draußen sitzen und sich stärken.

Wir folgen der Lindenstraße weiter über den Bahnübergang hinaus und wechseln am Ortsende auf den Radweg links neben der Fahrbahn. Über den einige Meter von der Straße entfernten Weg fahren wir nun entspannt etwa 3 Kilometer bis **Rüssel,** wo wir vor der Artländer Forellenzucht an einer Abzweigung auf die rechte Straßenseite wechseln müssen. Nach gut 1 Kilometer erreichen wir den östlichen Ortsrand der Gemeinde **Ankum.** Unmittelbar vor dem Ortsschild biegen wir an einer Kreuzung rechts ab in die **Alfhausener Straße.** Über sie erreichen wir schließlich die Hauptdurchgangsstraße **B 214,** die wir schräg links überqueren müssen. Kurz danach erreichen wir auf der Hauptstraße den Ortskern. Dort treffen wir zunächst auf das **Ristorante Lucchese** ⑩, schräg gegenüber befindet sich das **Café Sich** ⑪, unmittelbar an der für den kleinen Ort riesigen Pfarrkirche, die deshalb auch **Artländer Dom** ⑫ genannt wird.

Die liebevoll ***Artländer Dom*** *genannte katholische Pfarrkirche St. Nikolaus entstand nach einem Brand der alten Pfarrkirche als neoromanischer Neubau. Mit ihrem 79 Meter hohen Turm, der als Fundament den alten Kirchturm nutzt, wurde sie erst 1900 eingeweiht.*

Quitt-Brunnen in Ankum

Artländer Dom

Ein Stück weiter, wieder auf der anderen Straßenseite, wartet ein erst kürzlich bestens saniertes Gebäudeensemble mit dem neuem Restaurant **Onkel Otto am Dom ⑬.** Hier kann bei leckeren Hähnchenspezialitäten, Craftbeer oder Cocktails der Tag ausklingen. Zuvor sollte man aber noch einen allerletzten Abstecher zum **Heimathaus Ankum ⑭** machen, einem ehemaligen Ackerbürgerhaus mit Nebengebäude, Backhaus und Bienenstand. Man erreicht es nach ca. 250 Metern, wenn man an der Kirche vorbei der Hauptstraße geradeaus fährt. Um schließlich zum Ausgangspunkt unserer Tour zu gelangen, fahren wir wieder zurück bis zur Kirche und biegen rechts von der Hauptstraße in die **Aslager Straße** ab, folgen ihr in der Rechtskurve und treffen danach links auf die **Lindenstraße.** Hier geht es links zum Parkplatz, an dem wir gestartet sind.

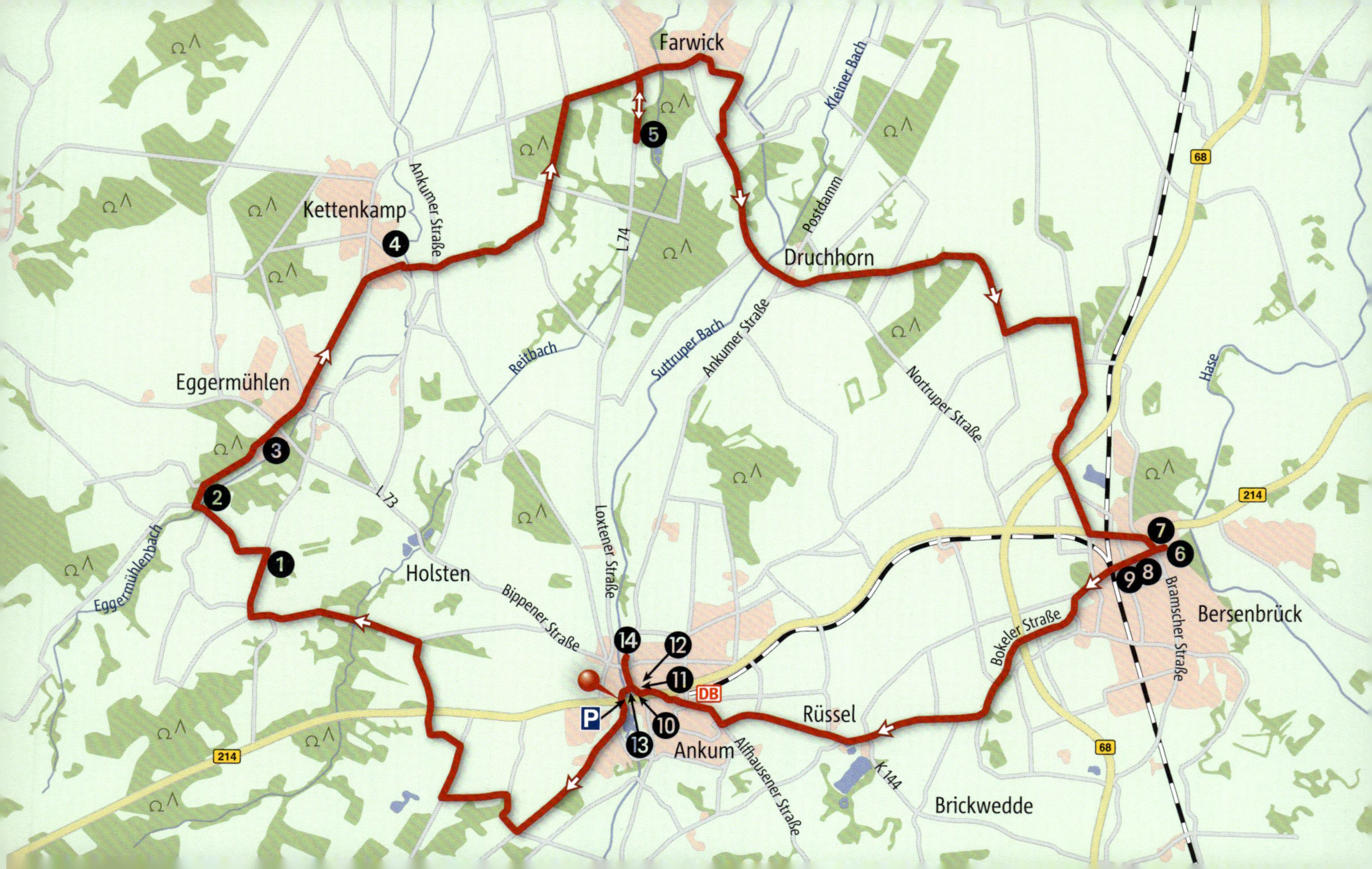

Farwick
Kleiner Bach
68
5
Kettenkamp
4
Ankumer Straße
L 74
Postdamm
Druchhorn
Eggermühlen
Reitbach
Suttruper Bach
Ankumer Straße
Nortruper Straße
Hase
3
2
L 73
214
7
6
1
Holsten
9
8
Bersenbrück
Eggermühlenbach
Loxtener Straße
Bippener Straße
Bokeler Straße
Bramscher Straße
14
12
11
DB
P
10
13
Rüssel
Ankum
Alfhausener Straße
K 144
214
68
Brickwedde

WIE & WANN:
Größtenteils kaum befahrene Straßen und asphaltierte Wirtschaftswege, wenige Steigungen. Ganzjährig gut befahrbar, am schönsten Frühling bis Herbst

HIN & WEG:
Auto: Parkplatz für Pkw und Wohnmobile, Lindenstraße, 49577 Ankum (GPS: 52.54141, 7.86808)
ÖPNV: Bf. Bersenbrück (RB), dort Einstieg in die Rundtour beim Bahnübergang Lindenstraße Ecke Am Bahnhof

ESSEN & ENTSPANNEN:
Gelateria Eiscafé Am Markt ❻ Markt 7, 49593 Bersenbrück, Tel. (0 54 39) 4 33 98 78
Postamt Kneipe und Restaurant ❽ Lindenstraße 25, 49593 Bersenbrück, Tel. (0 54 39) 80 89 23
Restaurante Verona ❾ Am Bahnhof 1, 49593 Bersenbrück, Tel. (0 54 39) 38 33
Ristorante Lucchese ❿ Hauptstraße 29, 49577 Ankum, Tel. (0 54 62) 88 75 57, lucchese-ankum.de
Café Sich ⓫ Hauptstraße 36, 49577 Ankum, Tel. (0 54 62) 6 76, www.cafe-sich.de
Onkel Otto am Dom ⓭ Hauptstraße 35, 49577 Ankum, Tel. (0 54 62) 8 86 88 86, onkelotto-ankum.de

ENTDECKEN & ERLEBEN:
Wodan-Eiche ❶
Wassermühle Wöstenesch ❷
Schloss Eggermühlen ❸ Große Allee 1, 49577 Eggermühlen
Telgkamps Mühle ❹
Schloss Loxten ❺ Ankumer Straße 7, 49638 Nortrup
Kloster Bersenbrück ❼ Stiftshof 4, 49593 Bersenbrück
Artländer Dom ⓬ 49577 Ankum
Heimathaus Ankum ⓮ Michels Stiege 4, 49577 Ankum, www.heimatverein-ankum.de

Bauernhof bei Kalkriese

Historische Stätten

Zwischen Kalkriese und Venne

Wir beginnen unsere Tour auf dem **Parkplatz Venner Mühle.** Es lohnt sich kaum, auf's Rad zu steigen, da wir hier schon unser erstes Zwischenziel erreicht haben. Wir radeln nur kurz über die schmale Holzbrücke am Ende des Parkplatzes Richtung der Fachwerkhäuser und befinden uns auf der **Venner Mühleninsel** (1), einem offen zugänglichen Freilichtmuseum mit einem netten Ensemble wiedererrichteter historischer Bauten, so das Tiemann'sche Backhaus, das Bleichhaus oder die Borgwedder Gutsschmiede. Umgeben ist die Insel vom Mühlenbach und dem Mühlenteich. Beim Teich nehmen wir die kleine Brücke zur Osnabrücker Straße. Gegenüber befindet sich die hellbeige Venner Mühle mit dem Heimatmuseum.

Mühlenteich, Venner Mühle

Wir fahren nach rechts zur Kreuzung und biegen rechts auf diese ab. Auf dem Fuß- und Radweg fahren wir bis zur nächsten Gabelung, an der wir schräg rechts Richtung Eisenzeithaus abbiegen. An einer großen Waffelfabrik vorbei erreichen wir das Ortsende und radeln geradeaus zwischen Feldern und Wäldern auf die Ausläufer des Wiehengebirges zu. Beim ersten Gehöft biegen wir rechts zum **Eisenzeithaus** (2) ab. Nach etwa 200 Metern sehen wir links den Nachbau eines reet-

Mühlenteich-Insel in Venne

Eisenzeithaus Darpvenne

Für die Seele

Gemütlich am Mittellandkanal, an Mooren und Mühlenteichen vorbei zum Eisenzeithaus, dem Museum der Varusschlacht und märchenhaftem Wasserschloss.

gedeckten Wohnstallhauses aus der Eisenzeit mit Nebengebäuden und einem mit Weidengeflecht eingezäunten Garten. So mag ein typisches Gehöft der Region vor etwa 2300 Jahren ausgesehen haben. Das Gelände ist stets frei zugänglich. Direkt gegenüber befindet sich das Bauernhofcafé **Darpvenner Diele** ③ mit seinem einladenden Biergarten.

Nach der kurzen Pause radeln wir auf dem kleinen Sträßchen weiter, bis wir an einer Einmündung die **Osnabrücker Straße** erreichen und links auf die Landstraße mit Fahrbahnmarkierung abbiegen. Nach knapp 800 Metern verlassen wir die wenig befahrene Straße am Wegweiser nach rechts zum Venner Aussichtsturm. Bis zum höchsten Punkt des Venner Bergs haben wir auf gut 2 Kilometern ungefähr 100 Meter Höhenanstieg vor uns. Wir erreichen also keinen Gipfel, sondern eher eine Hochebene mit Feldern, Baumreihen und kleinen Wäldern. Hier erblicken wir auch schon den Aussichtsturm. Wir bleiben auf dem Hauptweg bis zu einer T-Kreuzung, biegen nach rechts ab und erreichen den **Venner Aussichtsturm** ④ nach 150 Metern. Oben von der Aussichtsplattform bietet sich ein fantastischer Rundblick über das Osnabrücker Land. In Richtung Süden und Westen erstrecken sich die Hügel des Wiehengebirges, Richtung Norden und Osten blicken wir auf das Norddeutsche Tiefland. Wenn wir den auf einer Tafel angebrachten QR-Code einscannen, können wir uns Interessantes über die Erdgeschichte und die Varusschlacht über das Smartphone anhören.

*Das **Wiehengebirge** ist Teil des nördlichen Randes der deutschen Mittelgebirge. Auf knapp 100 Kilometern Länge und nur 10 Kilometern Breite erstreckt sich das Wiehengebirge vom Osnabrücker Land bis Ostwestfalen-Lippe.*

Wir fahren vom Aussichtsturm weiter auf der kleinen Straße Richtung Nordwesten. Bald geht es wieder bergab und wir lassen die Räder durch den Wald talwärts sausen. Unten angekommen, befindet sich rechts hinter einem Parkplatz in einer kleinen Klamm eine **Wassertretstelle.** Wir verzichten auf die gesunde Abkühlung nach Kneipp und radeln weiter. Nach wenigen Metern erreichen wir die **B 218,** bei der wir links auf den straßenbegleitenden Radweg abbiegen. Nach gut 1 Kilometer biegen wir entsprechend der Beschilderung rechts Richtung **Varusschlacht im Osnabrücker Land – Museum und Park Kalkriese** 5 ab. Das moderne und auch architektonisch interessante Museum ist eine längere Pause oder einen ausführlichen Besuch zu einem späteren Zeitpunkt wert. Wir entschließen uns zu einer Einkehr in das **Museumsgasthaus Varusschlacht.** In der Zwischenzeit können die Akkus an der E-Bike-Ladestation nachgeladen werden.

Weiter geht es auf der am Museum vorbeiführenden **Cheruskerstraße** direkt auf ein malerisches Fach-

Blick vom Venner Aussichtsturm

werkbauernhaus zu. Nach einer S-Kurve biegen wir links Richtung Bramsche und Kalkriese ab. Der Weg trifft bald auf den **Mittellandkanal** und führt an ihm entlang. Die künstliche Wasserstraße liegt hier leicht erhöht, weshalb wir nicht auf die Wasseroberfläche sehen können. Nach 500 Metern führt der Weg vor einem Straßendamm nach links und trifft bald auf eine Landstraße. Bevor wir hier scharf rechts abbiegen, um kurz darauf den Mittellandkanal auf einer Brücke zu überqueren, kreuzen wir die Straße geradeaus und gelangen nach 250 Metern auf einem öffentlichen Wanderweg zum neoromanischen **Schloss Neu Barenaue** 6, auf das wir, auch wenn es in Privatbesitz ist, zumindest einen Blick werfen wollen.

Wasserburg Alt Barenaue

Wir fahren die Zufahrt zurück und überqueren über die Straßenbrücke den Mittellandkanal. Nach 250 Metern biegen wir an einer T-Kreuzung links ab, um einen Abstecher zur **Wasserburg Alt Barenaue** 7 zu machen. Wir treffen nach 300 Metern auf eine Kreuzung und folgen der Beschilderung Richtung Alt Barenaue nach rechts. Nach weiteren 400 Metern beginnt eine als Naturdenkmal gekennzeichnete **Allee,** die allein schon den Abstecher lohnt. Windschiefe Wasserlinden mit knorrigen, stark nach außen geneigten Stämmen, die aus einem Gemälde der Romantik stammen könnten, säumen den Weg bis zum Wasserschloss. Am Ende der Allee bietet sich ein äußerst pittoreskes Bild mit einer alten Bogenbrücke, die einen Wassergraben zum Torhaus der Burganlage überspannt. Der Renaissancebau wurde 1689 gebaut und ist der jüngste Teil der Anlage, die aus dem

*Die **Wasserburg Alt Barenaue** wurde auf einer Sandinsel im Großen Moor erbaut, ein riesiges Hochmoorgebiet im Süden der Norddeutschen Tiefebene, von dem heute im Wesentlichen nur noch das Venner Moor existiert.*

Torfabbau im Venner Moor

Baumreihe bei Venne

13. Jahrhundert stammt. 1862 zogen die Besitzer in das neu gebaute Schloss Neu Barenaue, von dem wir gerade kommen, um. Die Burg selbst ist leider nicht zu besichtigen.

Wir fahren das Stück bis zur T-Kreuzung zurück, auf die wir nach Überquerung des Mittellandkanals gestoßen sind, und dort geradeaus weiter Richtung **Ostercappeln.** An einer Gabelung nach schräg rechts ignorieren wir den Radwegweiser und fahren geradeaus weiter. Der Weg verläuft nun wie mit dem Lineal gezogen schnurgeradeaus durch die ebene Landschaft des ehemaligen Großen Moors. Nach knapp 2 Kilometern knickt sie leicht links ab und nach 1,8 Kilometern wieder leicht nach rechts. Einen Radwegweiser zum Venner Moor, der kurz zuvor nach links weist, ignorieren wir und folgen dem Weg noch 400 Meter bis zur nächsten Linksabzweigung, die wir nun nehmen. Dieser Weg führt auf einen Wald zu. Wir überqueren einen asphaltierten Weg rechts ab und fahren auf dem unbefestigten Weg weiter geradeaus in das schmale Waldstück. Nun befinden wir uns im **Venner Moor 8.** Wir radeln weiter bis zu einer Wegkreuzung, an der wir nach rechts abbiegen. Beiderseits des Wegs erstrecken sich weite Flächen mit teils seit den 1980er-Jahren renaturiertem Moor, teils mit noch aktivem

*Der Parkplatz am Gasthaus Beinker ist Ausgangspunkt für markierte Wanderwege mit zahlreichen Infotafeln durch das Naturschutzgebiet **Venner Moor.** Besonders Vogelkenner, die hier selten gewordene Stimmen hören, kommen auf ihre Kosten.*

Torfabbau. Am Wegesrand erkennen wir noch die Gleise und in der Ferne sehen wir die Loren der Moorbahn. Nach gut 1300 Metern treffen wir auf die **Vördener Straße,** auf die wir rechts abbiegen.

Wir passieren einen Bauernhof mit einer Milchtankstelle und erreichen danach das **Gasthaus Beinker 9.** Von Freitag bis Sonntag gibt es hier durchgehend warme Küche. Wir folgen der mit Bäumen eingerahmten Landstraße weiter bis an das Ende der Allee, wo wir an der Kreuzung rechts auf den **Lutterdamm** abbiegen. An der nächsten Abzweigung bei der Bushaltestelle **Neuer Damm** fahren wir links auf die gleichnamige Straße, die nach 3,5 Kilometer langem schnurgeradem Verlauf durch ebene Agrarlandschaft leicht zum Mittellandkanal ansteigt. Kurz vor der Ein-

Motorjacht auf dem Mittellandkanal

Mittellandkanal

mündung in die **Hunterburger Straße,** die auf einer Brücke den Kanal überquert, biegen wir rechts ab auf einen schmalen Pfad, über den wir den Uferweg erreichen, dem wir nach rechts folgen. Die Wasserstraße ist durchgehend von einem Schilfgürtel und jenseits der Uferwege von Bäumen und Sträuchern gerahmt. Hin und wieder begegnen wir einem Frachtschiff oder einer Motorjacht, die gemütlich den Kanal entlangschippern. Nach etwa 1 Kilometer öffnet sich plötzlich rechts der Grünstreifen und gibt den Blick auf den einige Meter tiefer liegenden Venner Mühlenbach frei, der von Venne kommend hier den Mittellandkanal unterquert.

Unmittelbar hinter der nächsten Brücke (insgesamt der zweiten) führt ein Pfad rechts hinauf, über den wir die Straßenbrücke erreichen, um den Kanal zu überqueren. Direkt nach der Brücke biegen wir links ab und erreichen bald **Venne.** Wir folgen dem Verlauf der Straße bis wir im Ort an einer T-Kreuzung auf die **B 218** stoßen. Wir biegen links ab und fahren auf dem Rad- und Fußweg weiter bis zur nächsten Kreuzung, an der wir bei der **Venner Mühle** rechts abbiegen und kurz darauf unseren Parkplatz erreichen.

Venner Moor
Vördener Straße
Barenauer Graben
Lutterdamm
Venner Bruchkanal
Kalkriese
Alte Heerstraße
Lutterdamm
Neuer Damm
Alter Damm
Venner Mühlenbach
Mittellandkanal
L 76
218
Hunteburger Straße
Strothbach
Im Hasselbrock
Schlingheide
Venne
P
Osnabrücker Straße
Darpvenner Weg
Evinghausen
Schwegerhoffstraße
Schwagstorf
Kronensee

WIE & WANN:
Größtenteils asphaltierte Feldwege und kaum befahrene Straßen, wenige Steigungen. Ganzjährig gut befahrbar, am schönsten im Frühling und Sommer

HIN & WEG:
Auto: Parkplatz Venner Mühle, Osnabrücker Straße, 49179 Venne (GPS: 52.384508, 8.164237)
ÖPNV: kein Angebot

ESSEN & ENTSPANNEN:
Darpvenner Diele ❸ Knostweg 4, 49179 Ostercappeln,
Tel. (0 54 76) 91 14 73, www.darpvenner-diele.de
Gasthaus Beinker ❾ Vördener Straße 1, 49179 Ostercappeln,
Tel. (0 54 76) 91 93 90, www.beinker.de

ENTDECKEN & ERLEBEN:
Venner Mühleninsel ❶
Eisenzeithaus ❷ Knostweg 4, 49179 Venne,
Tel. (0 54 73) 92 02-23, www.eisenzeithaus.de
Venner Aussichtsturm ❹
Varusschlacht im Osnabrücker Land – Museum und Park Kalkriese ❺ Venner Straße 69, 49565 Bramsche-Kalkriese, Tel. (0 54 68) 92 04 0, www.kalkriese-varusschlacht.de
Schloss Neu Barenaue ❻ Barenaue 6, 49565 Bramsche
Wasserburg Alt Barenaue ❼
Venner Moor ❽

Prähistorisches Großsteingrab Oestringer Steine

Findlingetour

Sehenswertes um Wallenhorst

Vom Parkplatz am **Bahnhof Halen** starten wir nach links die **Achmerstraße** hinunter, folgen der abknickenden Vorfahrtstraße nach links, wo wir am Bahnübergang die Gleise überqueren. Kurz darauf fahren wir über die Hase und gleichzeitig über die Landesgrenze von Nordrhein-Westfalen nach Niedersachsen. Unmittelbar vor der Brücke über den **Stichkanal** verlassen wir die Straße nach rechts, fahren sofort wieder links und folgen dem unasphaltierten Uferweg entlang des Kanals Richtung Osnabrück. An der **Schleuse Hollage** wechseln wir die Seite, halten uns danach gleich rechts und radeln auf dem mit „Rund um Wallenhorst" markierten Weg in einen Wald. Bald darauf kommen wir in **Brockhausen** beim **Hof Hawighorst** ❶ vorbei, wo man von April bis Juni einkehren und im Hofladen Spargel und Erdbeeren kaufen kann. Beim Hof halten wir uns leicht rechts, überqueren die Sandbachstraße und verlassen kurz darauf Brockhausen. Nach etwa 500 Metern kreuzen wir die Landstraße **Fürstenauer Weg** und fahren auf der Talstraße weiter, die bald – wie ihr Name schon verrät – in ein Tal führt. Links zwischen hohen Bäumen verstecken sich die Findlinge **Hollager Steine** ❷, nur das Schild „Naturdenkmal" an einer Laterne links verrät sie. Die riesigen Kie-

Wald am Piesberg

selsteine wurden vor 200.000 Jahren vom Eis von Südskandinavien hierhergeschoben. Der größte wiegt stattliche 16 Tonnen.

Wir radeln die Straße weiter und erreichen kurz darauf das Ortsschild von **Hollage.** An einem Stoppschild biegen wir rechts ab und fahren am darauffolgenden Kreisverkehr geradeaus in die Stüvestraße, die uns wenig später über die **Autobahn A1** führt. Wir folgen dem Straßenverlauf im leichten Bergauf und Bergab. Schließlich führt die Straße in einen wunderschönen Buchenwald, wo wir bei einem Vorfahrtschild auf eine T-Kreuzung stoßen. Hier biegen wir links ab und erkennen nach 300 Metern rechts das frisch sanierte Industriedenkmal **Stüveschachtanlage ❸.** Natürlich bestaunen wir die Ruine des ehemaligen Pumpengebäudes von innen und außen. Es ist das einzige erhaltene Gebäude des Stüveschachts, einem von ehemals zwei Schächten hier auf dem Piesberg. Nach einem schwe-

Jahrhundertelang wurde im Piesberg bei Osnabrück wertvolle Anthrazitkohle, die wertvollste der Steinkohlearten, gefördert. Die Förderung ist seit dem 15. Jahrhundert nachweisbar. Der Hase- und der Stüveschacht wurden in den 1860er-Jahren gebaut.

Ehemaliges Pumpengebäude am Piesberg

Für die Seele

Durch romantische Täler und Wälder, zu eiszeitlichen Findlingen, prähistorischen Grabanlagen, alten Mühlen, Arboretum und Industriearchitektur.

Piesberg

ren Grubenunglück 1898 wurde die Zeche stillgelegt und dem Verfall preisgegeben.

Nach der Besichtigung folgen wir dem weiteren Verlauf der Straße und biegen nach dem Ortsausgangsschild von Osnabrück rechts ab in eine Fahrradstraße. Wir fahren weiter bis zu einem Kreisverkehr und dort rechts auf die **Osnabrücker Straße** Richtung Haste. Nach knapp 900 Metern erreichen wir eine Kreuzung, an der wir rechts in eine Sackgasse biegen. Nach gut 100 Metern befindet sich rechter Hand ein kleiner Parkplatz. Unmittelbar dahinter führt ein unauffälliger Nebeneingang in das **Arboretum am Piesberg** ④. Es wurde vor etwa 140 Jahren am Osthang des Piesbergs als Sammlung unterschiedlicher Baumarten in Form eines großzügigen Parks angelegt. Highlight des Parks ist der 33,70 Meter hohe Mammutbaum.

Wir radeln zurück zur Straße, nehmen den Radweg nach rechts, unterqueren kurz darauf die Schnellstraßenbrücke der **B 68** und folgen unmittelbar dahinter dem Wegweiser nach links, der zu den Karlsteinen weist. Ein Waldweg bringt uns nach einem kurzen Stück zum **Großsteingrab Karlsteine** ⑤. Die monumentalen Ausmaße der Anlage sind beeindruckend. Sie ist eine der größten in Norddeutschland. Die Trag- und Decksteine sind noch fast vollständig erhalten. Im Gegensatz zu den meisten anderen Gräbern handelt es

Von der Stüveschachtanlage aus erkundet man am besten zu Fuß den Kultur- und Landschaftspark Piesberg. Wanderwege mit Infotafeln bieten spektakuläre Aus- und interessante Einsichten über die intensive Nutzung des Berges über die Jahrhunderte.

Mammutbaum

sich bei den Steinen nicht um Findlinge der Eiszeit, sondern um Sandstein vom Piesberg. Der Name der Anlage geht auf eine Sage zurück, wonach Karl der Große einen der Decksteine mit seiner Peitsche geteilt haben soll, da Widukind ein göttliches Zeichen verlangt hatte. Die Lage der Megalithanlage im prächtigen Buchenwald verleiht dem Ort wirklich etwas Besonderes. Schade nur, dass die nahe Schnellstraße deutlich zu hören ist.

Wir hatten uns von unten dem Grab genähert und folgen nun dem **Pfad** schräg rechts daran vorbei und erreichen schon nach gut 100 Metern den Waldrand, wo wir auf einen Weg stoßen. Wir biegen links ab. Nach kurzer, leicht ansteigender Strecke kommen wir an eine schmale asphaltierte Straße und biegen erneut links ab. An einer y-förmigen Gabelung fahren wir rechts in die **Sachsenstraße.** Bald treffen wir auf einen Ortsteil von **Lechtingen,** wo wir an der ersten Abzweigung rechts in die **Eichendorffstraße** abbiegen. Am Ende der Straße biegen wir rechts auf einen gepflasterten Weg und verlassen damit den Ort auch schon wieder.

Großsteingrab Karlsteine

An der ersten Kreuzung biegen wir links in den Wald am **Haster Berg.** Nach 800 Metern treffen wir am Waldrand auf eine Straße und folgen ihr nach links Richtung Rulle, verlassen sie an der ersten Abzweigung aber gleich wieder nach rechts. Der Weg führt einen Hügel hinauf, auf dem wir hinter einem Rastplatz rechts abbiegen müssen. Kurz darauf rollen wir bergab Richtung Nettetal auf einen Gutshof mit schwarz-weißem Fachwerk zu. Die Straße macht einen Linksknick und führt kurz darauf zur Fischzucht **Forellenhof Nettetal** ❻. Hier kann man nicht nur frischen und geräucherten

Fisch kaufen, sondern auch im netten Bistro für eine Rast einkehren. Wer einen Angelschein vorweist, darf hier sogar selbst angeln.

Ein Stück weiter die Straße hinunter treffen wir unten im Nettetal auf den **Oestringer Weg,** an dem wir gleich links abbiegen. Zuvor werfen wir aber einen Blick auf die **Oestringer Steine ⑦,** die 50 Meter weiter rechts direkt am Straßenrand liegen. Sie sind die traurigen Reste der zwei nebeneinander gelegenen Großsteingräber I und II aus der Zeit 3500 bis 2800 v. Chr. Wieder zurück, geht es weiter durchs **Nettetal.** An der folgenden Gabelung fahren wir nach links und kommen in den wundervoll malerischen Abschnitt des Tals. Links unten, am Rande von saftigen Wiesen, schlängelt sich die Nette durch das Tal, eingerahmt von den bewaldeten Berghängen. Eine unglaubliche Ruhe strahlt der Ort aus und nichts lässt die unmittelbare Nähe der lebhaften Großstadt erahnen. Wir gleiten entspannt durch das Tal bis zu den großen Schildern, die auf das **Gasthaus Knollmeyer ⑧** und den **Kletterwand Osnabrück ⑨** hinweisen. Im urigen Biergarten mit Selbstbedienung und einfachen, aber leckeren Gerichten sitzt man schön mit Blick auf das Tal, die Nette und die heute noch aktive **Knollmeyers Mühle ⑩** mit ihrem stählernen Mühlrad gegenüber.

Gestärkt geht es weiter auf dem schattigen Weg durch das Nettetal. Wir passieren einen alten Mühlenteich zur Rechten und folgen dem Weg weiter, indem wir uns an den beiden nächsten Abzweigungen links halten. Nach dem Ortsschild von **Rulle** fahren wir an der ersten Abzweigung rechts den **Stadtweg** hinauf, der entlang des Ortsrands führt. Oben angekommen, biegen wir an einem Kreisverkehr rechts ab, um einen Abstecher zu den **Helmichsteinen ⑪** zu machen. Nach

***Knollmeyers Mühle** gehört zu den ältesten Wassermühlen der Region. Sie wurde in der Zeit Karls des Großen gebaut. Noch heute in Betrieb, beliefert sie die Bäckerei Brinkhege mit Vollkornmehl für ihr prämiertes Mühlenbrot.*

150 Metern finden wir sie wenig malerisch gelegen neben einem Fußballplatz. Was für uns nur wie ein Haufen Findlinge aussieht, war tatsächlich ein Großsteingrab, das vor 5500 Jahren errichtet worden war. Um mehr Ackerfläche zu schaffen, wurde die Anlage im 19. Jahrhundert zerstört. Die Eibenhecke, die die Steine umgibt, deutet die Größe des einstigen Grabhügels an. Die Mühen, mit denen das Grab aus riesigen Steinen und ohne technische Hilfsmittel errichtet worden war, lässt einen ehrfurchtsvoll staunen.

Zurück am **Kreisverkehr** biegen wir rechts ab. Unmittelbar vor dem nächsten Kreisverkehr biegen wir links auf einen Radweg, linksseitig der **Vehrter Landstraße** gegenüber dem **Hotel Lingemann ⑫.** An der nächsten Abzweigung fahren wir in die **Wittekindstraße** nach links, die uns nach **Rulle** führt. An einem Zebrastreifen leitet uns die Beschilderung nach rechts, um über die parallel weiterführende Anwohnerstraße weiterzufahren. Am Ende der Straße kommen wir wieder nach links auf die Wittekindstraße zurück und ein Stück weiter zum Kreisverkehr. Dort geradeaus, an der alteingesessenen **Bäckerei Berelsmann ⑬** mit vielen Leckereien vorbei, zum **Ruller Haus ⑭,** das sich wenige Meter

Windmühle Lechtingen

weiter rechts auf der rechten Seite der Klosterstraße befindet. Neben dem wenig spektakulären, historischen Haus befindet sich ein offenes Gartentor, das zu einem hübschen Garten führt, in dem man sogar picknicken kann. Dort können wir z.B. die in der Bäckerei erstandenen Leckereien verzehren. Oder wir fahren die Straße noch weiter hinunter, halten uns an der Gabelung bei der Kirche rechts, bleiben auf der Klosterstraße und machen eine Pause im Gasthaus **Zum alten Kloster** ⑮, das wir links sehen. Das Lokal hat einen wunderschönen Biergarten mit alten Bäumen und traumhaftem Blick auf ein idyllisches Tal.

Hinter dem Ort treffen wir auf die **Ruller Straße** und biegen links ab auf den linksseitig verlaufenden Radweg. Auf ihm bleiben wir bis zur nächsten Linksabzweigung, an der wir dem Radwegweiser in die **Mühlenheide** folgen. An der nächsten Abzweigung fahren wir rechts, um auf der Mühlenheide zu bleiben. Schon bald sehen wir in der Ferne vor uns die eine Windmühle. An der folgenden T-Kreuzung fahren wir links, unmittelbar darauf wieder rechts, um kurz darauf vor der eindrucksvollen **Windmühle Lechtingen** ⑯ zu stehen. Bei ihr handelt es sich um eine Holländerwindmühle. Die x-förmig stehenden Flügel verraten, dass die Mühle nicht mehr in Betrieb ist. Aber samstags öffnet ein Laden in der Mühle für 2 Stunden, um verschiedene Sorten Biogetreide zu verkaufen.

Alte St.-Alexander-Kirche

Wir radeln zurück, links um die Kurve und dann geradeaus weiter Richtung **Bramsche.** Bald darauf kreuzen wir wieder die **Ruller Straße,** überqueren wenig später die **Autobahn A 1** über eine Brücke, treffen dann auf die **Engter Straße** und setzen auf der schmalen Straße

Gehöft in Wallenhorst

gegenüber die Fahrt fort. An einem Eichenhain müssen wir links Richtung Hollage und Wallenhorst. Der Weg führt leicht bergab, bis schließlich rechts eine schattig gelegene Picknickbank auftaucht. Wir fahren noch ein Stückchen weiter zu einer T-Kreuzung, biegen hier und an der nächsten noch einmal links ab. Vor uns erscheint nun die sehenswerte mittelalterliche **Alte St.-Alexander-Kirche** ⑰, eine der ältesten Kirchen des Bistums Osnabrück. Leider ist die Kirche nur nachmittags an Sonn- und Feiertagen zu besichtigen. Aber im Kirchhof stehen Bänke, auf denen man gerne eine Rast einlegen kann.

Wir fahren das letzte Stück wieder zurück und an der nächsten Abzweigung nun geradeaus weiter. Bald nähern wir uns der **B 68**, an der unser Radweg eine Ausfahrt in einem Halbkreis umrundet. An der nächsten

*Die **Alte St.-Alexander-Kirche** in Wallenhorst steht auf einem vorchristlichen Findlingsfundament. Die Kuriosität auf der Kirchturmspitze: Statt dem üblichen Wetterhahn sitzt dort eine Wetterhenne.*

Möglichkeit unterqueren wir die Schnellstraße und biegen sofort nach der Brücke rechts ab. An einer Baustofffabrik vorbei fahren wir auf einer schmalen Straße weiter und entfernen uns wieder von Industriegebiet und Schnellstraße. Die Landschaft wird idyllisch und ländlich. Ab der nächsten T-Kreuzung folgen wir dem Radwegesymbol. Zunächst geht es nach links. Vor uns in der Ferne sehen wir im Nordwesten eine Hügelkette, bei der es sich um den **Gehn** handelt. Das ist ein kleiner Höhenzug zwischen Bramsche und Ueffeln in der Norddeutschen Tiefebene. An einer y-förmigen Gabelung folgen wir weiter dem Radwegweiser nach links. Danach halten wir uns beim nächsten Gehöft leicht rechts und kurz vor der Einmündung dieser Straße in eine größere biegen wir links in den Horstweg ab. Nach 450 Metern biegen wir

Am Stichkanal

Motorjachten am Stichkanal

auf dem ab hier unasphaltierten **Horstweg** links ab, passieren ein kleines Wäldchen und haben gleich wieder Asphalt unter den Rädern.

Vor einer Brücke über den **Stichkanal Osnabrück** fahren wir links und folgen dem Weg, bis wir auf den parallel führenden geschotterten Uferweg am Wasser geleitet werden. Der Kanal zweigt vom Mittellandkanal ab und führt bis zum Hafen von Osnabrück. Nach 2 Kilometern verlassen wir den Uferweg die Böschung hinauf bei einem Rastplatz. Für Radler hält dieser einen Automaten mit Fahrradschläuchen und Werkzeug sowie eine Luftpumpe bereit. Auf einer kleinen asphaltierten Straße geht es parallel zum Kanal weiter, bevor wir an der nächsten **Brücke** die Uferseite wechseln. Hinter der Brücke biegen wir links ab und fahren am anderen Kanalufer entlang, bis der Weg hinter einer Kurve nach rechts führt. Vor einem Sackgassenschild biegen wir links ab. Bald geht es wieder an der Wasserstraße weiter Richtung Süden. An der nächsten Brücke treffen wir auf die **Hollager Straße,** über die wir nach rechts abbiegen und wie zu Beginn unserer Tour über die Hase, die Landesgrenze und die Bahnlinie fahren. Danach erreichen wir rechts den Ausgangspunkt am **Bahnhof Halen.**

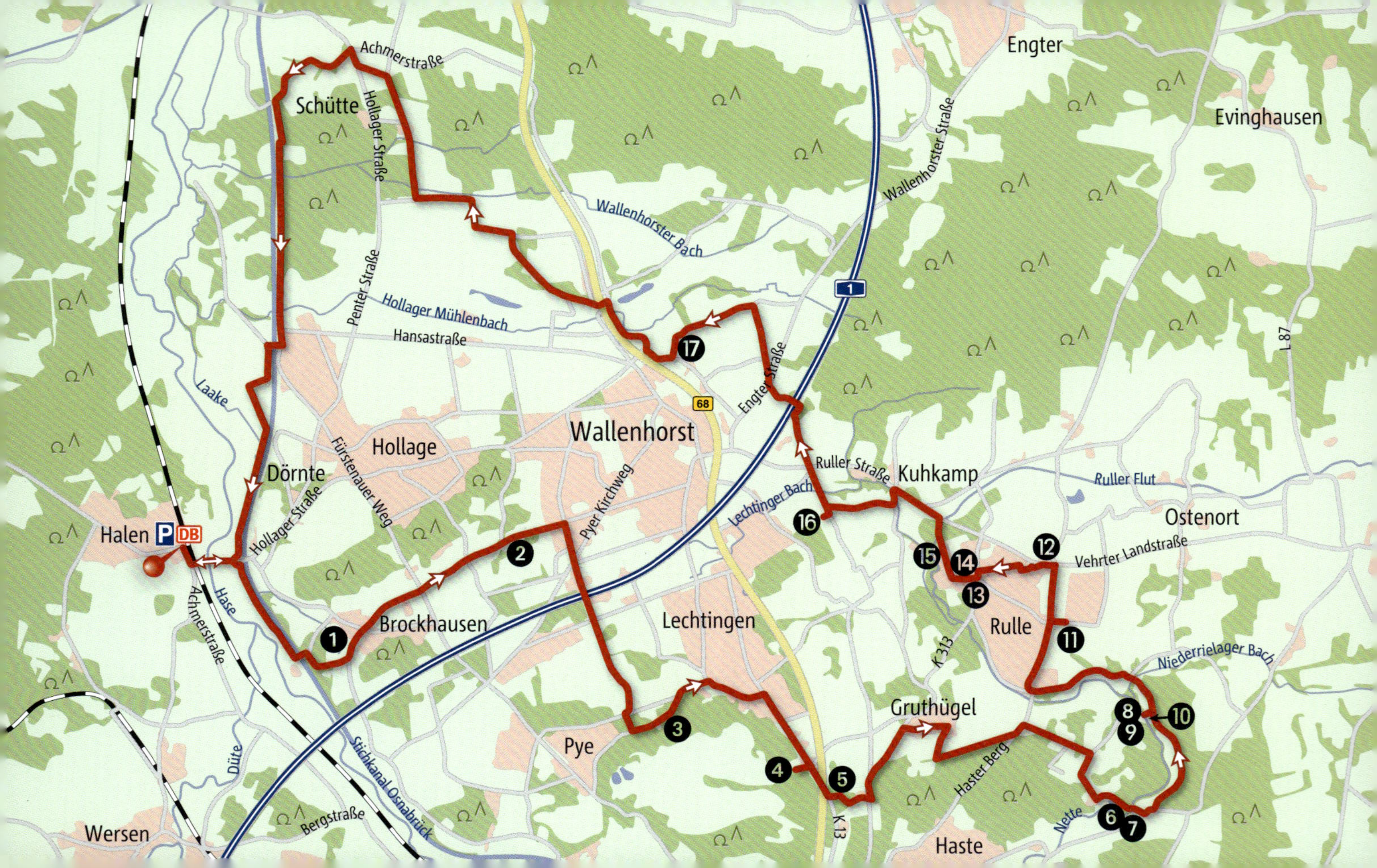
Engter
Evinghausen
Schütte
Achmerstraße
Hollager Straße
Wallenhorster Straße
Wallenhorster Bach
Penter Straße
Hollager Mühlenbach
Hansastraße
Laake
Engter Straße
Wallenhorst
Hollage
Dörnte
Fürstenauer Weg
Pyer Kirchweg
Ruller Straße
Kuhkamp
Ruller Flut
Ostenort
Lechtinger Bach
Halen
Hollager Straße
Vehrter Landstraße
Hase
Brockhausen
Lechtingen
Rulle
K 313
Niederrielager Bach
Gruthügel
Pye
Haster Berg
Düte
Stichkanal Osnabrück
Bergstraße
Wersen
K 13
Nette
Haste
L 87

Alles auf einen Blick

WIE & WANN:
Meist kaum befahrene Straßen, asphaltierte Wege und separate Radwege an Straßen. Leichte Steigungen. Ganzjährig gut befahrbar, am schönsten von Frühling bis Sommer

HIN & WEG:
Auto: P+R Parkplatz am Bf. Halen, Achmerstraße 31, 49504 Halen (GPS: 52.338772, 7.944650)
ÖPNV: Bf. Halen (RB), Achmerstraße 31, 49504 Halen

ESSEN & ENTSPANNEN:
Hof Hawighorst ❶ Brockhauser Straße 24, 49134 Wallenhorst, Tel. (0 54 07) 3 23 17, www.hof-hawighorst.de
Forellenhof Nettetal ❻ Am Forellenteich 19, 49090 Osnabrück, Tel. (05 41) 6 25 22, www.forellenhofnettetal.de
Gasthaus Knollmeyer ❽ Nettetal 4, 49134 Wallenhorst, Tel. (0 54 06) 44 32, www.gasthaus-knollmeyer.de
Hotel Lingemann ⓬ Vehrter Landstraße 21, 49134 Wallenhorst, Tel. (0 54 07) 61 26, www.hotel-lingemann.de
Bäckerei Berelsmann ⓭ Klosterstraße 1, 49134 Rulle, Tel. (0 54 07) 68 42, www.berelsmann.net
Zum alten Kloster ⓯ Klosterstraße 17, 49134 Wallenhorst, Tel. (0 54 07) 61 31, www.gasthaus-nieporte.de

ENTDECKEN & ERLEBEN:
Hollager Steine ❷ **Stüveschachtanlage** ❸ **Arboretum am Piesberg** ❹ Im Quellengrund, 49134 Wallenhorst **Großsteingrab Karlsteine** ❺ **Oestringer Steine** ❼
Kletterwand Osnabrück ❾ Nettetal 4, 49134 Wallenhorst, Tel. (05 41) 99 89 98 41, www.teamotion.de **Knollmeyers Mühle** ❿ **Helmichsteine** ⓫
Ruller Haus ⓮ Klosterstraße 4, 49134 Wallenhorst, Tel. (0 54 07) 8 13 77 51, www.rullerhaus.de
Windmühle Lechtingen ⓰ Mühlenstraße 41, 49134 Wallenhorst, Tel. (0 54 07) 42 63, www.windmuehle-lechtingen.de
Alte St.-Alexander-Kirche ⓱ Im Alten Dorf 5–7, 49134 Wallenhorst

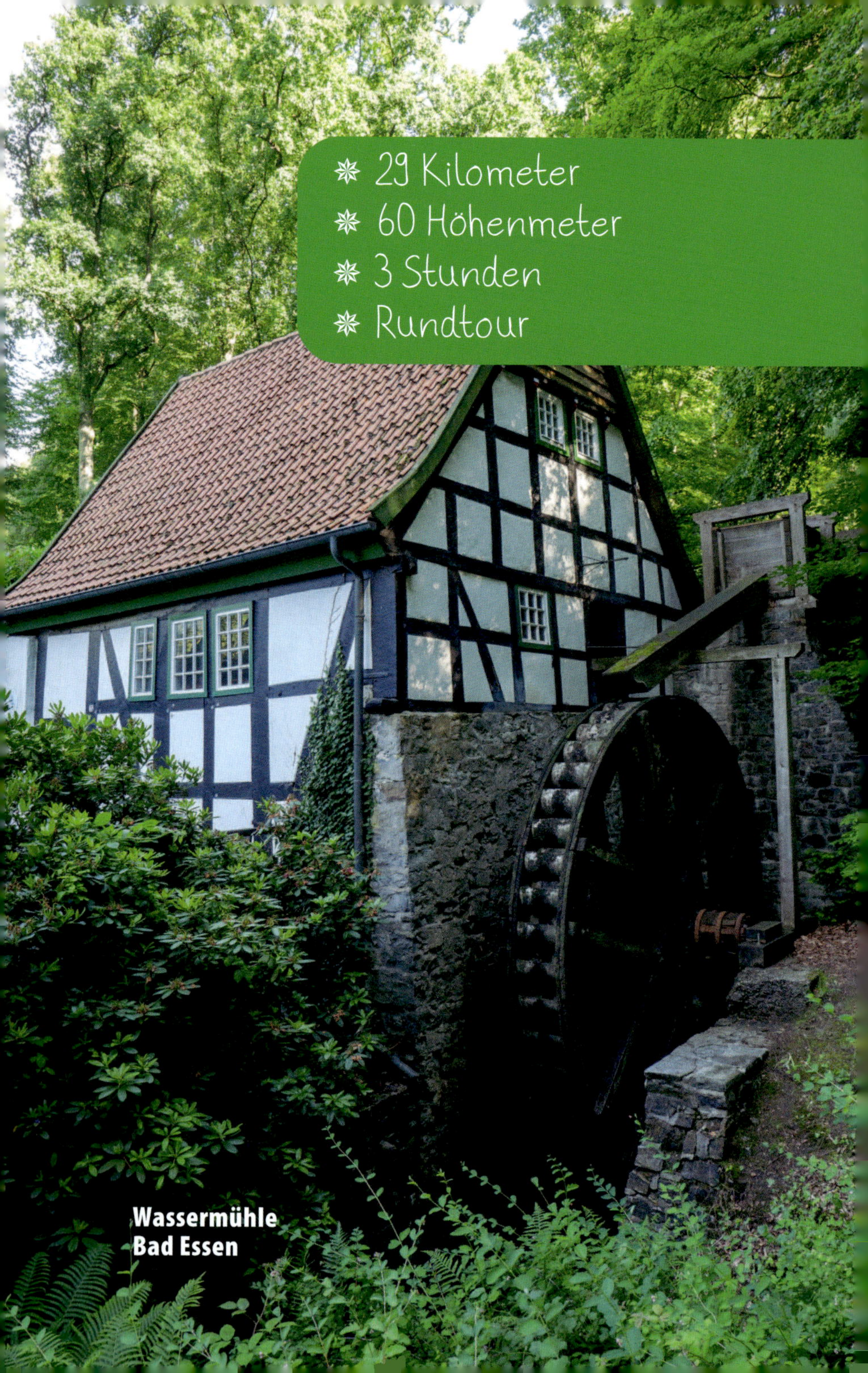

Wassermühle
Bad Essen

Soletour

Entlang dem Wiehengebirge

Unser Startpunkt ist die **Niedersachsenstraße** in Bad Essen. Wir fahren Richtung Süden und Ortsmitte bis zur **Gartenstraße** und biegen dort links ab. Am Kreisverkehr fahren wir scharf rechts in die **Lindenstraße.** Zur Linken kann man im **Restaurant Athen** ❶ nicht nur gut essen, sondern auch wunderschön draußen im Garten zwischen Hecken sitzen. Wenn wir beim Restaurant die Platanenallee links hinauffahren, kommen wir nach 200 Metern zum **Sole-Freibad** ❷. Am Ende der Straße, auf der linken Seite, wartet eine Sehenswürdigkeit der besonderen Art: die **Sole-Arena** ❸. Sie verkörpert moderne Architektur, Skulptur und Gradierwerk in einem. Ein wunderbarer Ort für alle Sinne. Wir lauschen dem Tropfen des Salinenwassers, atmen die würzige Luft und schmecken das Salz auf den Lippen.

Gradierwerk Sole Arena

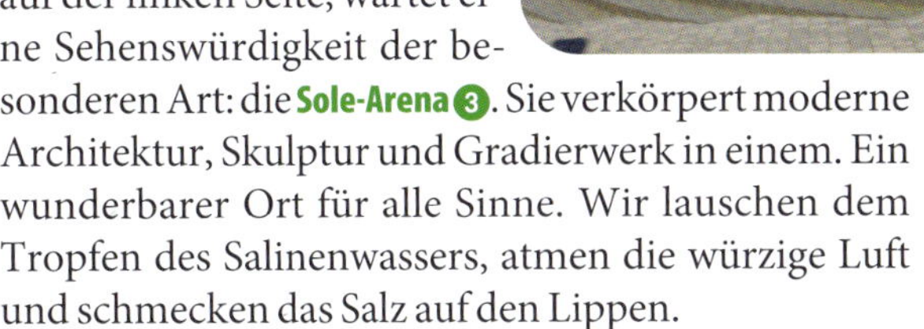

Völlig entspannt radeln wir nun weiter, wieder die Platanenallee hinunter zur Lindenstraße, auf der wir nach links fahren, um uns an der nächsten Gabelung rechts Richtung Kirchplatz zu halten. Beim gemütlichen **Restaurant Kaffeemühle** ❹ mit schönem Freisitz passieren wir einen durch ein Haus stark verengten Weg, um auf den dreieckigen von Fachwerkhäusern umstandenen **Kirchplatz** mit der Nikolaikirche zu ge-

*Die **Bad Essener Sole,** die seit 220 Millionen Jahren in 800 Metern Tiefe ruht, gehört zu den mineralstoffreichsten Europas. Sie ist somit besonders hochwertig. Der Salzgehalt ist höher als der im Toten Meer.*

langen. Bis Anfang des 19. Jahrhunderts war hier ein Friedhof. Dank Napoleon bekam Essen, das erst seit 1902 das Bad im Namen trägt, einen neuen Friedhof. Denn der Kaiser verfügte, dass Begräbnisstätten außerhalb der Ortschaften liegen mussten. Früher war der Platz von kleinen Speicherhäusern umgeben, mit der Giebelseite zum Platz hin ausgerichtet, wie heute noch das Kleine Haus. Zwischen ihnen blieben nur schmale Durchgänge. Direkt links hinter der Kirche, an der Nikolaistraße, befindet sich das Restaurant und Café **Alte Apotheke** **5**.

Jeden Donnerstagnachmittag findet auf dem Kirchplatz in Bad Essen ab 14 Uhr ein netter, kleiner ***Wochenmarkt*** *statt, an dem man sich mit frischen regionalen Produkten versorgen kann.*

Wir fahren rechts der Kirche auf der **Nikolaistraße** weiter und folgen ihr an der nächsten Gabelung rechts bis zum Kreisverkehr. Dort geht es weiter geradeaus an der Friedhofsmauer entlang, an deren Ende wir auf die **Essener Straße** stoßen und einen Bahnübergang überqueren. Auf der Bahnlinie verkehren heute nur noch Museumszüge. Kurz danach überqueren wir auf der Essener Straße den **Mittellandkanal.** 100 Meter hinter der Brücke biegen wir an der ersten Möglichkeit links ab und fahren zum Kanalufer, wo wir vor einem Zaun rechts Richtung Bohmte abbiegen. Für etwa

Blick auf Bad Essen

Für die Seele

Entspannen im Solenebel, staunend Dinosaurierspuren betrachten, entschleunigen im Schlosspark, radeln durch imposante Schlossalleen – eine traumhafte Tour.

Schloss Hünnefeld

2 Kilometer radeln wir nun auf einem Schotterweg direkt am Kanal entlang, den wir bei einem Gewerbegebiet verlassen. Wir folgen dem Weg entlang eines Zauns, kommen an eine T-Kreuzung und biegen rechts auf eine asphaltierte Straße ab. Kurz danach stoßen wir auf die **Clamors Allee 6**. Hier biegen wir rechts auf die von zwei Doppelreihen mit prächtigen Linden gesäumte lange, gerade Straße ab, die erst nach 1 Kilometer vor dem **Schloss Hünnefeld 7** endet. Schließlich stehen wir am Tor und blicken sehnsüchtig über die Brücke und den ersten Wassergraben zum präch-

tigen weißen Schloss – eine dreiflügelige Anlage der Spätrenaissance. Ein Vorgängerbau fand bereits im 12. Jahrhundert eine erste urkundliche Erwähnung.

Schloss Hünnefeld, Alte Rentei

Seit Mitte des 15. Jahrhunderts befindet sich das Schloss im Besitz der Familie Bussche-Hünnefeld. Wenn an Wochenenden in den ehemaligen Wirtschaftsgebäuden das **Café Alte Rentei** 8 seine Türen öffnet und seine dänische Besitzerin die dänische Teestunde zelebriert, kann man hier drinnen oder draußen im Garten äußerst stilvoll einkehren.

Wir setzen die Fahrt mit Blick auf das Schloss nach links fort und folgen dem Weg entlang des Wassergrabens. Der Blick auf das Schloss ist auch von dieser Seite sehr eindrucksvoll. Die Ausmaße des Gartens, der ursprünglich im Barockstil angelegt und später in einen englischen Landschaftsgarten umgestaltet worden war, lassen sich erahnen. Er hat vermutlich die Länge des ihn umschließenden Wassergrabens, an dem wir noch eine Weile entlangfahren.

In **Himmelreich** stoßen wir auf die gleichnamige Dorfstraße und biegen nach links ab. Bald darauf führt die Straße aus dem kleinen Ort in eine stille parkähnliche Landschaft. Nach etwa 1,5 Kilometern erreichen wir eine Kreuzung und fahren noch ein kleines Stück geradeaus, bevor wir dem Radwegweiser nach rechts Richtung Ippenburg folgen. Der Weg führt durch einen Teil des Schlossparks über zwei Brücken direkt auf das neugotische **Schloss Ippenburg** 9 zu. Leider ist dieses Anwesen nur bei Veranstaltungen wie dem berühmten Gartenfestival zu besichtigen.

Nach einem Blick durch das Haupttor auf das Herrenhaus und die Statuen im Garten fahren wir entlang einer Mauer nach rechts und biegen auf dem Weg, auf den wir stoßen, nach links ab. Wir radeln noch ein Stück zwischen dem Wald und der Gartenmauer entlang, danach erscheint links des Wegs ein Wassergraben. Kurz danach weitet sich der Blick auf die flache, parkähnliche Landschaft und den Höhenzug des Wiehengebirges in der Ferne, an dem entlang wir später nach Bad Essen zurückfahren werden.

Links des Wegs scheint der Schlosspark in eine Streuobstwiese überzugehen. Bei genauerem Hinsehen erkennen wir aber, dass die Bäume auf der Wiese in bestimmten Mustern angepflanzt sind. Eine Erklärung bekommen wir, wenn wir auf den unscheinbaren schmalen und nicht asphaltierten Weg nach links abbiegen, der als Radweg Richtung Wittlage und Brockhausen ausgeschildert ist. Hier steht eine Infotafel, die erklärt, dass es sich bei der baumbestandenen Wiese um den **Stipendiatenpark** ⑩ der Deutschen Bundesstiftung Umwelt handelt. Jeder Baum steht für einen Nachwuchswissenschaftler.

Der Pfad führt nun weiter über einen schmalen **Damm,** der äußerst malerisch von alten knorrigen Bäumen gesäumt wird. Am anderen Ende wartet eine Picknickbank unter einer alten Eiche – ein sehr idyllisches Plätzchen. Wir biegen hier rechts ab, dann sofort wieder links und

Garten Schloss Hünnefeld

überqueren eine vorfahrtberechtigte Straße, bevor es geradeaus weitergeht. Eine lange Allee, auf der wir bis auf Weiteres bleiben, führt uns durch weite Felder. Nach einem Linksknick fahren wir an der nächsten Abzweigung wieder rechts. Direkt vor einem Bauernhaus treffen wir auf eine T-Kreuzung, an der wir erneut rechts fahren und am Ortsrand von **Brockhausen** auf eine Hauptstraße treffen. Gegenüber der Abzweigung steht ein kleines Fachwerkcottage mit einem malerischen kleinen Rosengarten. Wir fahren nach rechts auf der Gartenroute durch den Ort. An der mitten auf der Straße stehenden **Friedenseiche** gabelt sich die Straße und wir halten uns links. Nach 150 Metern fahren wir links Richtung Rabber und biegen sofort wieder rechts auf den **Rabber Kirchweg** ab, auf dem wir Brockhausen verlassen.

Fachwerkhaus in Brockhausen

Auf einer Brücke kreuzen wir den Mittellandkanal, biegen an der folgenden Kreuzung links ab und folgen über mehrere kleine Sträßchen stets den Radwegweisern, bis wir Rabber erreichen. Wir stoßen an einem Stoppschild auf die B 65, die durch den Ort führt, und fahren danach geradeaus weiter. Nach etwa 400 Metern biegen wir bei einem Radwegweiser rechts in die **Huntestraße** ab, folgen ihr bis zu einer T-Kreuzung, an der wir links abbiegen und kurz darauf die eingleisige Bahnlinie nach Bad Essen überqueren. Schließlich treffen wir auf eine Landstraße mit Fahrbahnmarkierungen, auf die wir nach links abbiegen. Nach 550 Metern kommen wir an eine T-Kreuzung und biegen rechts ab. Wir erreichen Linne und biegen in der Ortsmitte bei der freiwilligen Feuerwehr an einer Kreuzung links ab.

Dem leicht ansteigenden Weg entlang der sich dahinschlängelnden Hunte folgen wir, bis wir in **Barkhausen** an einer T-Kreuzung auf eine Vorfahrtstraße stoßen. Hier fahren wir rechts und könnten schließlich am Ortsende auf den Radweg an der linken Straßenseite wechseln, was sich aber nicht lohnt, da er nach wenigen Metern schon wieder endet. Wir bleiben also auf der Landstraße, die langsam in ein bewaldetes und enger werdendes Tal am Rande des Wiehengebirges führt. Rechts zweigt beim grünen Ortsschild **Meesdorf** ein schmaler asphaltierter Rad- und Wanderweg ab, den wir nehmen, um nach 100 Metern bei einem gro-

Historischer Bauernhof

Dinosaurierspuren

ßen Dinosaurier auf eine Wegkreuzung zu treffen. Hier werden wir nachher nach rechts abzweigen, zuvor aber einen Abstecher zu einem einmaligen Naturdenkmal machen. Es geht weitere 100 Meter steil gerade bergauf. Am Ende des Wegs stehen wir vor einem Glasdach, das eine Wand mit den berühmten **Dinosaurierspuren** ⑪ im Sandstein vor der Witterung schützt. Vor 153 Millionen Jahren, als Osnabrück noch am Meer lag, lief hier eine Herde von mindestens elf Dinosauriern über den Strand und hinterließ ihre Fußabdrücke im nassen Sand. Es ist beeindruckend, vor den riesigen, deutlich zu erkennenden Spuren dieser längst ausgestorbenen Tierart zu stehen. Auf zahlreichen Infotafeln können wir viel zu dem Thema nachlesen.

Zurück an der letzten Wegkreuzung fahren wir nun von oben kommend links auf einem zunächst schmalen Pfad entlang eines Berghangs. Der Pfad wird zum Hohlweg und trifft schließlich auf einen breiteren asphaltierten Weg, dem wir nach links folgen. Stets entlang des nördlichen Abhangs des Wiehengebirges zur Linken und der Norddeutschen Tiefebene zur Rechten, auf die wir immer wieder schöne Ausblicke genießen können, setzen wir die Fahrt Richtung Bad Essen fort. Nach knapp 2 Kilometern treffen wir an einer abknickenden Vorfahrt auf eine Straße und fahren dort geradeaus weiter. An der nächsten Gabelung verlassen wir die Straße wieder nach rechts in die **Hüseder Straße** in Richtung Bad Essen. Nach etwa 2 Kilometern durchfahren wir Hüsede, nach einem weiteren Kilometer treffen wir am Ortsanfang von **Eielstädt** auf den **Obsthof Albers** **12** mit seinem Hofladen. Stets gibt es hier saisonales frisches Obst aus eigenem Anbau zu kaufen.

Wir fahren weiter auf der Hüseder Straße, bis diese auf die **Lindenstraße** trifft, der wir nach links Richtung Ortsmitte von Bad Essen folgen. Am zweiten Kreisverkehr beim Rathaus fahren wir schräg rechts und erreichen an der nächsten Rechtsabzweigung die **Niedersachsenstraße** und somit unseren Parkplatz bzw. die Haltestelle für den FreizeitBus bei der Grundschule.

Gemüsegarten bei Linne

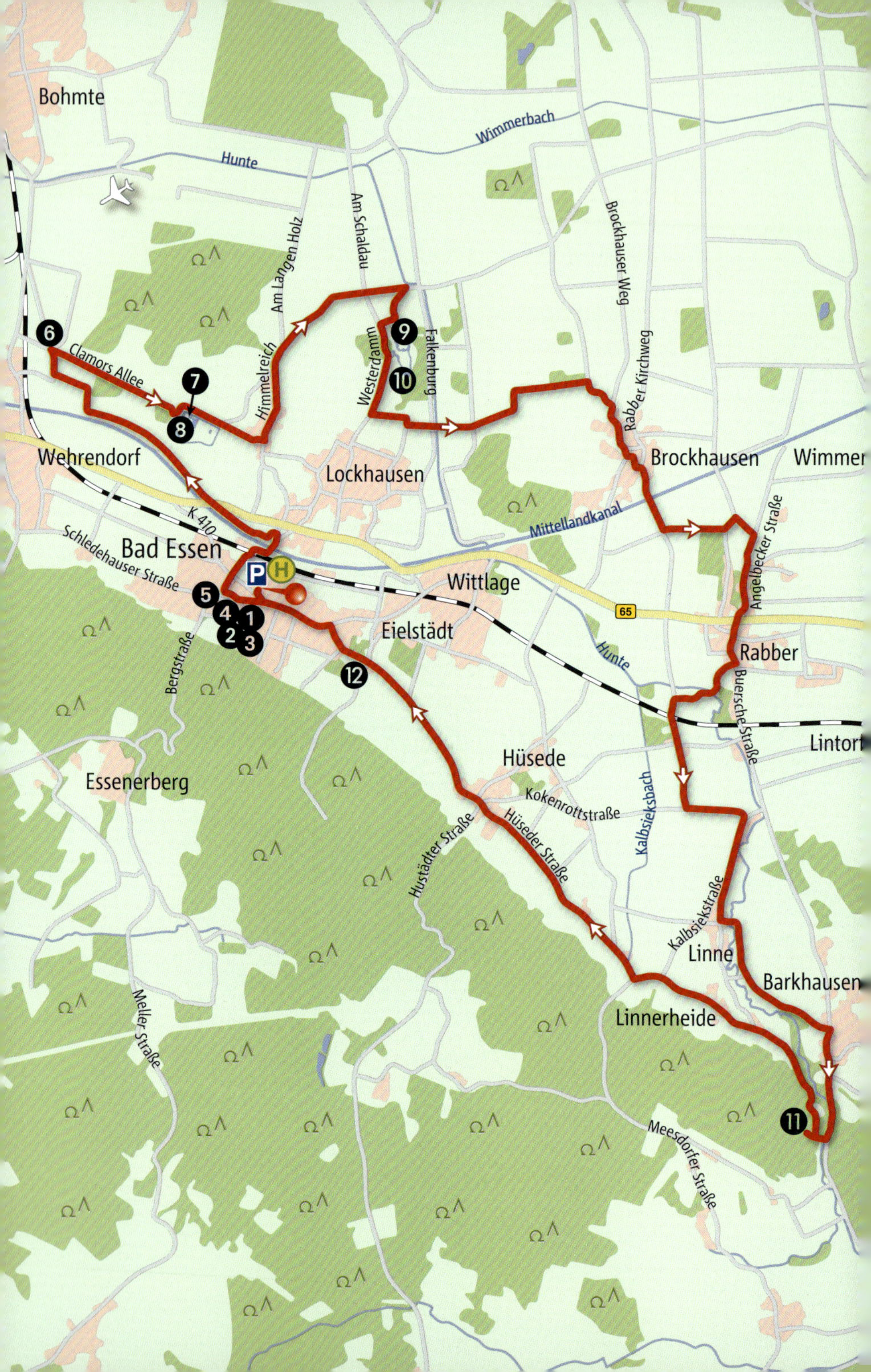

Bohmte
Wimmerbach
Hunte
Am Schaldau
Brockhauser Weg
Am Langen Holz
Rabber Kirchweg
6
Clamors Allee
7
Himmelreich
Westerdamm
9
10
Falkenburg
8
Wehrendorf
Lockhausen
Brockhausen
Wimmer
Mittellandkanal
Angelbecker Straße
K 410
Bad Essen
Schledehauser Straße
P
H
Wittlage
5
4
1
2
3
Eielstädt
65
Hunte
Rabber
Bergstraße
12
Buersche Straße
Lintorf
Hüsede
Essenerberg
Kokenrottstraße
Kalbsiekbach
Hustädter Straße
Hüseder Straße
Kalbsiekstraße
Linne
Barkhausen
Linnerheide
Meller Straße
11
Meesdorfer Straße

WIE & WANN:
Größtenteils kaum befahrene Straßen, unasphaltierter Uferweg, asphaltierte Feldwege, vorwiegend eben, wenig Steigungen. Ganzjährig gut befahrbar, am schönsten im Frühling und Sommer

HIN & WEG:
Auto: Parkplatz Niedersachsenstraße, 49152 Bad Essen (GPS: 52.320371, 8.343415)
ÖPNV: Fahrradbus FreizeitBus, Linie 202 Varus-Region, Endhaltestelle Bad Essen, Niedersachsenstraße

ESSEN & ENTSPANNEN:
Restaurant Athen ❶ Lindenstraße 38, 49152 Bad Essen, Tel. (0 54 72) 41 95, www.athen-badessen.de
Restaurant Kaffeemühle ❹ Kirchplatz 19, 49152 Bad Essen, Tel. (0 54 72) 44 88, www.kaffeemuehle-badessen.de
Alte Apotheke ❺ Nikolaistraße 28, 49152 Bad Essen, Tel. (0 54 72) 9 79 85 90, www.alteapotheke-badessen.de
Café Alte Rentei ❽ Schloss Hünnefeld 2, 49152 Bad Essen, Tel. (0 54 72) 49 62, www.schloss-huennefeld.de
Obsthof Albers ⓬ Hüseder Straße 26, 49152 Bad Essen, Tel. (0 54 72) 21 36

ENTDECKEN & ERLEBEN:
Sole-Freibad ❷ Platanenallee 14, 49152 Bad Essen, Tel. (0 54 72) 97 98 68
Sole-Arena ❸
Clamors Allee ❻
Schloss Hünnefeld ❼ 49152 Bad Essen, Tel. (0 54 72) 44 28, www.schloss-huennefeld.de
Schloss Ippenburg ❾ Schloßstraße 1, 49152 Bad Essen, Tel. (0 1 73) 2 74 36 32, www.ippenburg.de
Stipendiatenpark ❿
Dinosaurierspuren ⓫

50 Kilometer
55 Höhenmeter
4,5 Stunden
Rundtour

Wir starten unsere Tour vom öffentlichen Parkplatz vor dem **Osnabrücker Zoo.** Wir fahren die Straße hinunter bis zu einer Vorfahrtstraße, auf die wir rechts abbiegen und nach etwa 150 Metern die **Iburger Straße (B 68)** erreichen und geradeaus überqueren. An dieser Kreuzung befindet sich auch die Haltestelle für den **FreizeitBus.** Hier beginnt die **Ansgarstraße,** die wir nun in Richtung Südwesten fahren, bis wir auf eine T-Kreuzung treffen. Wir folgen der Straße **Wiesental** nach rechts. Am Ende des bebauten Gebiets treffen wir auf eine Brücke, auf der wir die **A 30** überqueren und uns danach an der Gabelung sofort links halten. Kurz danach kommen wir an einem großen, ovalen Wiesengelände vorbei. Dabei handelt es sich um die **Nahner**

Große Runde

Idyllische Tour um Osnabrück

Waldbahn 1, auf der die berühmten Osnabrücker Motorrad-Grasbahnrennen stattfinden. Dem Weg **An der Rennbahn** folgend, erreichen wir auf einer Talfahrt den Stadtteil **Sutthausen** und fahren über eine Ampelkreuzung geradeaus weiter, bis wir an einer T-Kreuzung links in die Straße **Zum Forsthaus** abbiegen. Nach 250 Metern fahren wir nach einer langgezogenen Linkskurve schräg rechts in **Zum Töfatt.** An der nächsten Kreuzung biegen wir rechts ab, fahren wieder leicht bergab über den Bahnübergang einer eingleisigen Strecke. Unmittelbar danach zweigt schräg links ein Weg ab, über den wir auf einem Abstecher das **Gut Sutthausen 2** erreichen. Das prächtige Anwesen ist halbkreisförmig von einem Wassergraben, der von der

Gut Sutthausen

Düte gespeist wird, und einem romantischen, gepflegten Garten umgeben.

Wir fahren zurück bis zur letzten Abzweigung und setzen unsere Tour nach links fort. An der nächsten Kreuzung treffen wir auf die **Sutthauser Mühle ③**. Legen wir hier keine Pause ein, biegen wir vor der Mühle rechts ab und fahren durch das Dütetal bis zum kleinen Örtchen Hörne.

An einer T-Kreuzung fahren wir links Richtung Hellern und danach geradeaus an einem Postbriefkasten vorbei in einen schmalen Rad- und Fußgängerweg. Über die Düte und durch ein kleines Wäldchen erreichen wir den **Hörner Weg**, biegen dort zunächst links und dann sofort wieder rechts ab. Die kleine Straße entlang einer Bahnlinie stößt schließlich auf den Ohrbecker Weg, an dem wir scharf rechts abbiegen, um die Bahnlinie zu überqueren. Noch einmal scharf rechts geht es weiter, nun jenseits der Bahnlinie. An der ersten Gabelung fahren wir geradeaus. In einer Rechtskurve verlassen wir die Straße und radeln geradeaus auf einen geschotterten Rad- und Fußgängerweg, kommen durch einen Auenwald und überqueren die Düte. Wir halten uns leicht links, erreichen

***Gut Sutthausen** ist die Keimzelle von Sutthausen und wurde im 13. Jahrhundert erstmals urkundlich erwähnt. Seit 1935 ist es im Besitz der Thuiner Schwestern des Franziskanerordens, die hier 1951 eine Berufsfachschule gründeten.*

Die Sutthauser Mühle hat einen zauberhaften Biergarten hinter dem Fachwerkhaus. Vieles ist wie früher, es gibt Oma Elixmanns selbst gebackenen Kuchen, Wurst- und Käsebrot und draußen nur Kännchen.

über den Kampweg **Hellern.** Dort biegen wir an der Ampelkreuzung links auf den linksseitigen Radweg ab, da der rechtsseitige gleich endet. Nach dem Ortsausgangsschild biegen wir rechts ab. Nach 1 Kilometer erreichen wir einen Reiterhof, bei dem es rechts auf dem **Tecklenburger Fußweg** weitergeht.

Nach 1 weiteren Kilometer erreichen wir wieder Hellern, wo uns direkt nach der Grundschule das **Eiscafé bei Samanda** (4) zu einem Stopp verlockt, den wir nicht bereuen. Nach der süßen Erfrischung fahren wir auf der **Großen Schulstraße,** die an der Eisdiele vorbeiführt, nach links. Am Kreisverkehr, an dem sich links das **Restaurant Poseidon** (5) mit schönem Biergarten befindet, fahren wir geradeaus auf die Straße **Zum Flugplatz,** über die Brücke, die über die A 30 führt, und

Für die Seele

Entspannte Runde mit spannenden Ein- und Ausblicken durch die abwechslungsreiche und schöne ländliche Umgebung der Großstadt.

Café-Restaurant am Rubbenbruchsee

dann stets geradeaus weiter, bis wir nach gut 2 Kilometern in einer Linkskurve rechts Richtung **Rubbenbruchsee** abbiegen. Nach wenigen Metern müssen wir vor einem Gartentor sofort wieder rechts abbiegen und nun dem Weg weiter folgen, der leicht bergab in einen Wald eintaucht. Nach 600 Metern stehen wir unvermittelt am Ufer des Rubbenbruchsees. Am Ufer gegenüber liegt das **Café-Restaurant am Rubbenbruchsee** 6 direkt am Wasser – wie auf einem Gemälde. Ruderboote ziehen ihre Kreise.

Wir nehmen die erste Linksabzweigung, biegen an der ersten Wegkreuzung rechts und halten sofort an. Der Weg kreuzt hier nämlich den **Eversburger Landwehrgraben** 7.

Wir fahren entgegen der Radwegbeschilderung auf dem mittleren Weg durch das mittelalterliche Bauwerk, das nach 300 Metern unvermittelt von einer moderenen Straßentrasse mit Lärmschutzwand unterbrochen wird. Wir nehmen die Unterführung zur Linken, dürfen danach aber nicht dem asphaltierten Weg nach links folgen, sondern müssen geradeaus auf den geschotterten Weg fahren (Beschilderung beachten!). Gleich danach überqueren wir eine Straße und setzen schräg rechts auf einem geschotterten Weg die Fahrt noch ein gutes Stück am Landwehrgraben entlang fort. An der T-Kreuzung, an der der Landwehrgraben nach rechts verläuft, biegen wir links ab und stoßen nach wenigen Metern auf die **Landwehrstraße,** auf die wir rechts abbiegen, einen Bahnübergang und eine Landesgrenze überqueren. Während die rechte Straßenseite zu Niedersachsen gehört, blicken wir links nach Nordrhein-Westfalen auf die Stadt Büren. Die nächste Ampelkreuzung mit Ampelanlage überqueren wir geradeaus, danach eine eingleisige Bahn-

*Man sieht dem **Rubbenbruchsee** die künstliche Entstehung, die erst 1991 abgeschlossen war, nicht an. Osnabrück verfügt seitdem über ein wunderbares Naherholungsgebiet.*

*Der **Eversburger Landwehrgraben** ist eine mittelalterliche Verteidigungslinie, wie sie im äußeren Bereich von Städten üblich war. Mehrere Wälle und Gräben, heute von großen Buchen bewachsen, bilden nun eine wunderschöne alleenartige Anlage.*

linie, wonach sich die Straße gabelt. Am Ende der Landwehrstraße biegen wir rechts ab zurück nach Niedersachsen.

Im weiteren Verlauf überqueren wir die Hase, kurz darauf einen Altarm und danach den Stichkanal Osnabrück. Gleich dahinter gabelt sich die Straße. Schräg links erreicht man nach 100 Metern den **Hof Gösling** 8 mit Café und Hofladen. Nach schräg rechts hingegen führt unsere Route weiter auf dem Süberweg, auf dem wir gleich den **Kultur- und Landschaftspark Piesberg** erreichen werden. Nach einer Rechtskurve fällt unser Blick auf das unter hohen Bäumen fast versteckte 1896 erbaute **Piesberger Gesellschaftshaus** 9, einer der schönsten Saalbauten Norddeutschlands. Es dient heute als Kulturzentrum mit Cafégarten. Direkt daneben verlaufen die Eisenbahnschienen der Zechenbahn. Wir fahren den Süberweg noch paar Meter weiter und gelangen dann rechts zu einer Gruppe alter Zechenbauten, dem **Magazingebäude** 10 mit seinen Sonderausstellungen, dem Pferdestall und der Bergschmiede.

Landwehrgraben bei Eversburg

Museum Industriekultur Osnabrück

Weiter auf dem Süberweg erreichen wir eine T-Kreuzung, biegen links ab und erreichen nach wenigen Metern eine Kreuzung. Hier machen wir einen Abstecher nach links auf dem Radweg den Berg hinauf zum 500 Meter entfernten **Museum Industriekultur Osnabrück** ⑪ im Haseschachtgebäude. Um die Tour fortzusetzen, fahren wir an der Kreuzung nach rechts auf den Radweg auf der linken Straßenseite. Nach 200 Metern beim Hyde Park biegen wir schräg links ab. Der Weg führt durch ein grünes Landschaftsidyll mit vielen Bäumen bis zu einem schönen, alten Gehöft, in dem die Jägerschaft Osnabrück-Stadt residiert. Hier fahren wir rechts durch eine schöne Eichenallee, halten uns darauf links und kreuzen die **B 68** auf einer Brücke.

An einer T-Kreuzung fahren wir rechts, wechseln nach wenigen Metern über eine Verkehrsinsel die Straßenseite und nehmen den nächsten Weg schräg links in ein Wohngebiet, die dritte Straße rechts und dann wieder links. Auf der Straße **Auf dem Klee** fahren wir bis zur T-Kreuzung mit der **Hardinghausstraße,** biegen dort rechts ab und an der nächsten Ampelkreuzung wieder rechts. Nach 50 Metern biegen wir über eine Verkehrsinsel links auf einen Rad- und Fußgängerweg, überfahren wenig später eine Brücke über die Nette und biegen sofort links ab. An der nächsten Gabelung müssen wir links auf einen geschotterten Weg, während der rechte zum **Nettebad** ⑫ führt.

Wir fahren an knorrigen Bäumen vorbei, die das romantische Ufer der gestauten Nette säumen und wie ein Naturschutzgebiet aussehen lassen. Entsprechend der Beschilderung biegen wir links ab und fahren nah am Wasser entlang, bis wir auf die **Haneschstraße** stoßen. Wir radeln nach links und sofort nach der Brücke wieder rechts auf einen Weg. An der nächsten Straße kommen wir wieder rechts auf den **Östringer Weg,** wo wir gleich zur Rechten auf die **Nackte Mühle** ⑬ stoßen. Hinter dem Mühlengebäude dreht sich ein Wasserrad, das bis 1967 die Getreidemühle antrieb und heute Strom erzeugt.

Wir fahren die Straße weiter bis zum Ortsende und sehen eine besondere Station für Linienbusse, nämlich eine neue Ladestation für Elektrobusse. 500 Meter weiter beschreibt die Straße eine Rechtskurve, überquert die Nette, hinter der wir sofort links abbiegen. Auf dem Östringer Weg fahren wir weiter durch das langsam enger werdende Nettetal. Nach etwa 1 Kilometer sehen wir am Straßenrand Findlinge unter den Bäumen. Es sind die **Oestringer Steine** (14), über die man viel auf den Infotafeln erfährt.

*Auf dem **Limberg** hatten die Britischen Streitkräfte nach dem Krieg die größte Kaserne, die inzwischen weitestgehend abgerissen ist. Während des Zweiten Weltkriegs wurde hier Munition produziert.*

Wir fahren an der nächsten Abzweigung geradeaus, an der darauffolgenden Gabelung rechts und verlassen damit das Nettetal wieder. An der nächsten Gabelung fahren wir erneut rechts und strampeln auf den Limberg. Auf dem Hügel überqueren wir die **Vehrter Landstraße** und fahren auf eine breite betonierte ehemalige Militärstraße geradeaus.

Die Straße mündet in den ebenfalls betonierten **Ickerweg.** Wir biegen links ab und folgen dem Radweg am Wald entlang. Nach 450 Metern nehmen wir den mit Osnabrücker Rundtour beschilderten Waldweg nach rechts und erreichen am Rande einer Wohnge-

Nettetal

gend im Stadtteil Sonnenhügel eine Ampelkreuzung. Wir biegen links ab, müssen aber darauf achten, dass wir nicht auf die Hauptstraße einbiegen, sondern auf die direkt dahinter parallel verlaufende Wohnstraße. Diese geht schon bald am Ende der Wohnsiedlung in einen breiten Radweg über. Vor einem Bahndamm stoßen wir auf eine T-Kreuzung, biegen hier links ab, überqueren neben einer Eisenbahnbrücke die Straße **Haster Weg** und fahren geradeaus weiter durch eine Kleingartenanlage. Noch an der ersten Gabelung fahren wir rechts und biegen beim Verlassen der Anlage rechts ab. Unmittelbar nach der Unterquerung der Bahnlinie biegen wir links ab in den **Hunterburger Weg** und fahren 1,5 Kilometer entlang der Bahnlinie. Am Ende des Wegs biegen wir rechts ab und fahren bergauf durch eine Einfamilienhaussiedlung Richtung des **Fernsehturms Widukindland.** Nach Überquerung der **Bremer Straße** erreichen wir den höchsten Punkt. Entlang der Autobahn **A 33** links neben uns geht es bergab weiter. Wir sausen am Niedersachsenhof mit japanischem Restaurant und Campingplatz vorbei und unterqueren die Autobahn nach etwa 500 Metern. Nach weiteren 200 Metern biegen wir links ab, passieren kurz darauf eine Neubausiedlung und biegen vor einem Feld rechts ab. Nach gut 200 Metern halten wir uns bei einer Gruppe alter Bäume rechts und biegen an der nächsten Straße vor den Stoppschildern scharf links ab in den **Gretescher Weg.**

Ladestation für Elektrobusse

Bald verlassen wir Osnabrück und sehen Felder und bewaldete Hügel vor uns. Es geht leicht bergab und schließlich treffen wir auf die **Belmer Straße,** an der wir links auf den Radweg abbiegen. Nach guten 200 Metern geht es hinter einem alten Umspannungsturm über die Straße nach rechts. Am vorfahrtberechtigten **Bruchweg** biegen wir rechts ab und erreichen schließlich auf einer Anhöhe bei Lüstringen wieder Osnabrück. Von hier oben bietet sich ein wunderbarer Blick über sanfte Hügel und idyllische Landschaft mit Feldern und kleinen Wäldern. Auch das Zentrum von Osnabrück ist in der Ferne deutlich erkennbar.

Hasetal bei Natbergen

Ab der nächsten Kreuzung fahren wir geradeaus und leicht bergab durch eine schöne Wohngegend mit großen Grundstücken. An einer Pferdekoppel biegen wir rechts auf den Stadtweg ab, der nun recht lange geradeaus bergab durch eine Wohngegend führt. Kurz vor Ortsende biegen wir schräg links Richtung Bissendorf ab und fahren an der Hauptverkehrsstraße, der **Mindener Straße,** rechts ab, biegen aber schon nach 50 Metern links in eine Seitenstraße. Hinter einem Bahnübergang biegen wir links auf einen geschotterten Weg und überqueren die Talaue der Hase. An einer kleinen Straße auf einem Damm biegen wir rechts ab. Von der erhöhten Position bietet sich ein guter Blick über Felder und Wiesen und den bewaldeten Sandforter Berg. Der Weg endet am Weiler **Bauerschaft Düstrup** mit schönen alten Häusern und Natursteinmauern unter hohen Bäumen. Hier treffen wir auf die **Düstrupper Straße,** der wir nach rechts folgen.

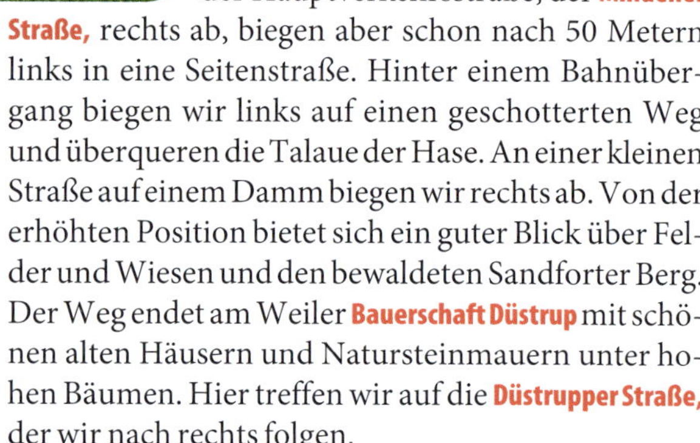

Am Rand von Voxtrup treffen wir auf einen Kreisverkehr, an dem man rechts in der **Bäckerei Rahe** (15) knusprige belegte Brötchen kaufen kann, bevor wir links abbiegen und nach 500 Metern die Meller Landstraße überqueren. Nach weiteren 200 Metern biegen wir in einem Wohngebiet rechts ab und fahren nun geradeaus bis an das Ortsende, wo wir über eine Brücke die **A33** überqueren. An der nächsten Möglichkeit müssen wir uns links Richtung Nahne halten, wollen zunächst aber eine kleine Pause einlegen und dafür einen Abstecher geradeaus und dann an der nächsten Abzweigung nach rechts machen. Nach wenigen Hundert Metern erreichen wir die letzte Einkehrmöglichkeit vor dem Tourende: das Restaurant **Huxmühle** ⑯ in einem schönen alten Mühlengebäude mit romantischem Garten am Ententeich.

Zurück auf unserem Weg biegen wir an der nächsten Kreuzung rechts ab. Wir befinden uns hier in unmittelbarer Nähe des Autobahnkreuzes Osnabrück Süd. Kaum zu glauben, dass wir ausgerechnet hier in einem kleinen Wäldchen unter hohen Bäumen auf die **Brünings Quelle** ⑰ stoßen, an der klares, eiskaltes Quellwasser zutage tritt. Wir unterqueren kurz darauf die **A 30**, biegen sofort danach rechts ab und verlassen an der nächsten Abzweigung die lärmende Autobahn nach links. Nach kurzem Anstieg erreichen wir mit dem Stadtteil Nahne mal wieder Osnabrück und folgen dem Weg durch ein schönes Villenviertel. In einer Rechtskurve folgen wir dem Radwegweiser geradeaus in eine gepflasterte Sackgasse und überqueren darauf die Autobahn auf einer Fußgängerbrücke. In einem Gewerbegebiet treffen wir auf eine Straße und biegen links ab. An der nächsten Kreuzung fahren wir rechts Richtung Zoo und erreichen unseren Parkplatz. Die Haltestelle des Fahrradbusses erreichen wir, wenn wir stattdessen geradeaus weiterfahren, bis wir auf die **Iburger Straße (B 68)** stoßen.

Biergarten Huxmühle

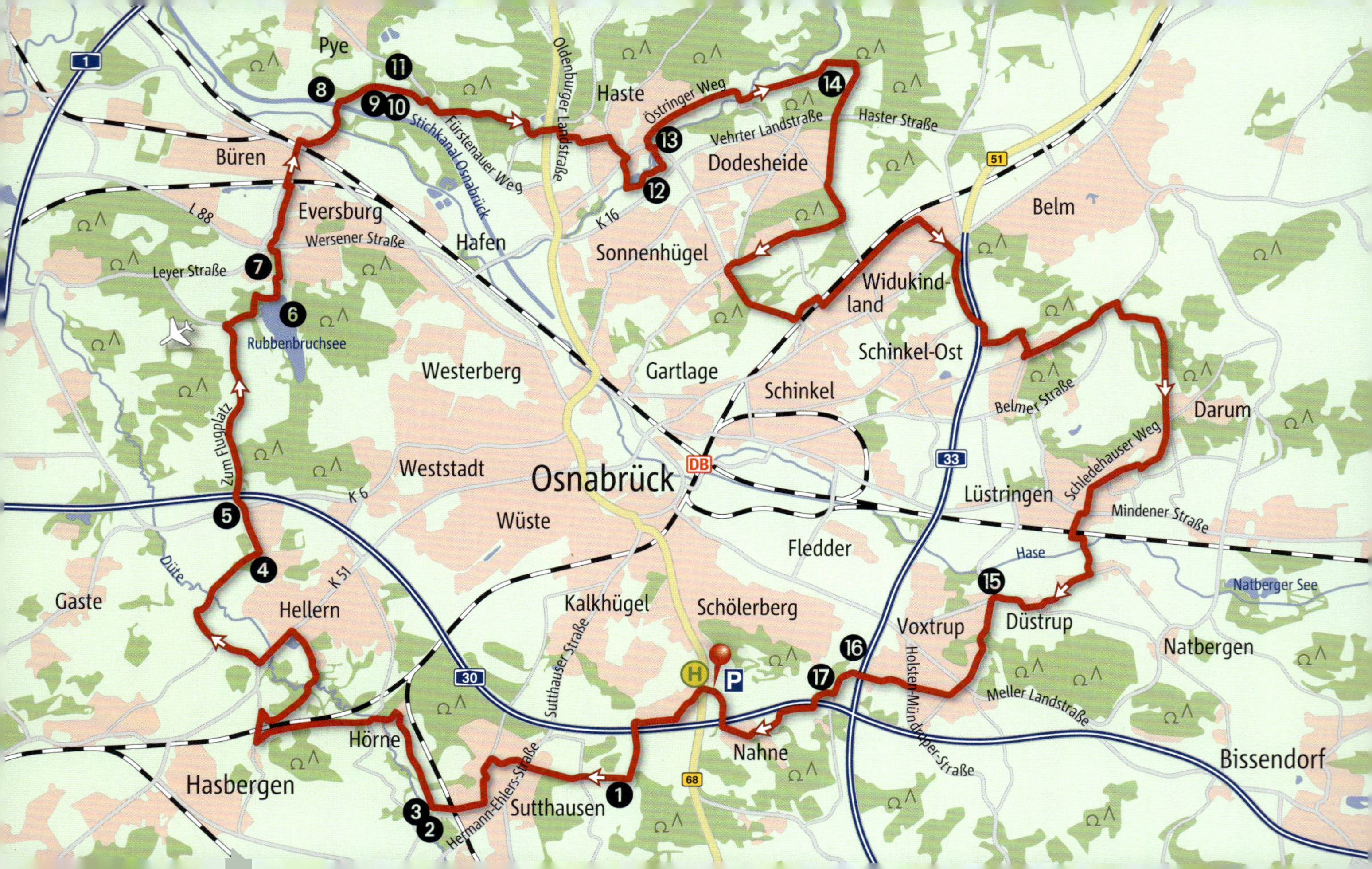

Pye
Haste
Büren
Eversburg
Hafen
Dodesheide
Sonnenhügel
Belm
Widukind-
land
Schinkel-Ost
Schinkel
Gartlage
Westerberg
Weststadt
Osnabrück
Wüste
Darum
Lüstringen
Fledder
Schölerberg
Kalkhügel
Hellern
Gaste
Hörne
Hasbergen
Sutthausen
Nahne
Voxtrup
Düstrup
Natbergen
Bissendorf
Rubbenbruchsee
Stichkanal Osnabrück
Fürstenauer Weg
Oldenburger Landstraße
Östringer Weg
Vehrter Landstraße
Haster Straße
Wersener Straße
Leyer Straße
L 88
K 16
K 6
K 51
Zum Flugplatz
Düte
Belmer Straße
Schledehauser Weg
Mindener Straße
Hase
Natberger See
Holsten-Mündruper-Straße
Meller Landstraße
Sutthauser Straße
Hermann-Ehlers-Straße
DB
1
30
33
51
68

Alles auf einen Blick

WIE & WANN:

Wenig befahrene Straßen, asphaltierte Feld- und Radwege, zahlreiche kurze und mittlere Steigungen. Ganzjährig gut befahrbar, am schönsten im Frühling und Sommer

HIN & WEG:

Auto: Parkplatz am Zoo, Klaus-Strick-Weg, 49082 Osnabrück (GPS: 52.24926, 8.06726)
ÖPNV: Fahrradbus FreizeitBus, Linie 400 Teuto-Region, Haltestelle Osnabrück Paradiesweg

ESSEN & ENTSPANNEN:

Sutthauser Mühle ❸ An der Sutthauser Mühle 1, 49082 Osnabrück, Tel. (05 41) 5 90 38
Eiscafé bei Samanda ❹ Große Schulstraße 83, 49078 Osnabrück, Tel. (05 41) 5 80 95 16
Restaurant Poseidon ❺ Rheiner Landstraße 203, 49078 Osnabrück,
Tel. (05 41) 44 58 67, www.poseidon-osnabrueck.de
Café-Restaurant am Rubbenbruchsee ❻ Barenteich 2, 49076 Osnabrück,
Tel. (05 41) 12 74 33, www.rubbenbruchsee.eu

Entspannung ✸✸✸✸✸
Genuss ✸✸✸✸✸
Romantik ✸✸✸✸✸

Hof Gösling ❽ Süberweg 4, 49090 Osnabrück,
Tel. (05 41) 58 04 91 09, www.hof-goesling.de
Bäckerei Rahe ⓯ Sandforter Straße 165, 49086 Osnabrück,
Tel. (05 41) 38 91 29, www.baeckerei-rahe.de
Huxmühle ⓰ An der Huxmühle 14, 49082 Osnabrück,
Tel. (05 41) 95 70 50, www.huxmuehle.de

ENTDECKEN & ERLEBEN:

Nahner Waldbahn ❶ **Gut Sutthausen** ❷ 49082 Osnabrück
Eversburger Landwehrgraben ❼ **Piesberger Gesellschaftshaus** ❾
Magazingebäude ❿ **Museum Industriekultur Osnabrück** ⓫ Fürstenauer Weg 171, 49090 Osnabrück, Tel. (05 41) 12 24 47, www.museumindustriekultur.de
Nettebad ⓬ Im Haseesch 6, 49090 Osnabrück
Nackte Mühle ⓭ Östringer Weg 18, 49090 Osnabrück
Oestringer Steine ⓮ **Brünings Quelle** ⓱

28 Kilometer
90 Höhenmeter
3,5 Stunden
Rundtour

Unsere Tour beginnt in der Ortsmitte von **Hagen am Teutoburger Wald** auf dem Parkplatz beim Alten Pfarrhof mit dem **Töpfereimuseum ①.** Das Museum zeigt archäologische Funde und Exponate aus dem 19. und 20. Jahrhundert. Doch auch ein Blick in das schöne, alte Fachwerkgehöft lohnt sich sehr. Wir fahren die Sackgasse vom Parkplatz zurück an die Vorfahrtstraße gegenüber der **Pizzeria Caesaro ②,** biegen links ab und nehmen im Kreisverkehr die erste Ausfahrt. Wenn wir die nächste Straße rechts abbiegen, gelangen wir hinter der Kirche zu **Beckmann's Gaststätte ③,** einer weiteren Einkehrmöglichkeit.

Am nächsten Kreisverkehr biegen wir links in die **Osnabrücker Straße** ab, fahren bis zur nächsten Kreuzung

Kirschroute

Rund um Hagen am Teutoburger Wald

und wechseln für etwa 1 Kilometer auf den Radweg an der linken Straßenseite, bis wir nach dem Ortsende zur **Bushaltestelle Hüggelhof** kommen. Hier biegen wir rechts auf die Kirschradroute Richtung Bad Iburg ab. Dem einspurigen Landsträßchen folgen wir teils leicht bergab bis zu einer Vorfahrtstraße, an der wir erst rechts und nach weiteren 100 Metern links auf eine Seitenstraße biegen. Mit mäßiger Steigung geht es auf einen Hügel, wo uns der schöne Ausblick auf die hügelige Landschaft für den Anstieg belohnt.

Vor dem **Jugendhof Obermeyer** biegen wir rechts ab, Richtung Bad Iburg. Ab hier können wir die Räder wieder entspannt 700 Meter talwärts rollen lassen, bis zu einer Abzweigung, an der wir nach rechts weiter

Landschaft bei Hagen

Bauernhof bei Hagen

der Kirschradtour folgen. Der Wiesentalweg lässt uns in ein bewaldetes, schattiges Tal eintauchen bis wir wieder die Ausläufer von Hagen erreichen. Hinter dem Gasthaus Zum Wiesental und an der folgenden T-Kreuzung halten wir uns links. Gleich folgt eine Kreuzung, an der wir rechts abbiegen und vor den ersten Wohnhäusern links abbiegen. An der nächsten Gabelung halten wir uns wieder links, überqueren den Poggenbach und fahren vor der Iburger Straße auf dem Radweg nach links.

Bei der Hochwasserschutzanlage Himmelreichdamm schlagen wir einen Haken und treffen kurz darauf auf die **Wassertretstelle am Dillbach** 4, an der wir nach Kneipps Vorstellungen das kalte Bachwasser testen können. Nach 200 Metern wechseln wir bei einer

Für die Seele

Weißes Blütenmeer im Frühling, süße Kirschen im Sommer, leuchtende Farben im Herbst, dazu Mühlen und Forellenteiche in den Tälern des Teutoburger Walds.

Bushaltestelle über eine Verkehrsinsel auf den Radweg rechts der **Iburger Straße.** Nach etwa 750 Metern endet der Radweg an der Straße und wir werden nach rechts geleitet. Nach einem Wohnhaus fahren wir links auf einen schmalen Fuß- und Radweg, an dessen Ende wir rechts auf **Am Heidhorn** biegen. Nun liegt wieder ein kurzer steiler Anstieg vor uns, für den wir aber mit einer schönen Aussicht und einer entspannten Fahrt talwärts belohnt werden.

Nach knapp 1,5 Kilometern biegen wir an einer Kreuzung rechts ab auf **Zum Schoppenbrink,** fahren kurz durch einen Hohlweg und dann nach links auf den schmaleren Weg **Zum Erikasee.** Wir bleiben auf dem talwärts verlaufenden Weg, bis wir auf die schmale

Man kann die Radtour etwa 4 Kilometer abkürzen, wenn man 200 Meter nach der Wassertretstelle rechts dem Wegweiser zum Restaurant Zum Forellental folgt und dort im Tal rechts fährt. Man umgeht dabei eine Steigung von ca. 60 Höhenmetern.

Landstraße **Forellental** treffen, an der wir auf dem linksseitigen Radweg weiterfahren. Wenig später sehen wir links unter uns Forellenteiche. Im Hofladen der **Forellenzucht Kasselmann** 5 wird frischer und geräucherter Fisch verkauft. Für die naturnahe und schonende Forellenzucht haben sie bereits eine staatliche Auszeichnung erhalten. 100 Meter weiter kann man im Restaurant **Zum Forellental** 6 die frisch gebratenen Forellen kosten.

Wir fahren noch etwa 400 Meter durch das Tal, biegen an der ersten Abzweigung links ab und erkennen die Kirche und Ortsmitte von Hagen wieder. Der Weg steigt leicht an. Wir passieren einige Wohnhäuser, einen Tennisplatz und danach eine große gepflegte Reitsportanlage, die so manches Reiterherz sicher höherschlagen lässt. Hier wird jährlich das internationale Reitturnier Horses & Dreams ausgetragen.

Nun führt der Weg wieder leicht talwärts durch ländliche Idylle mit Feldern, Wiesen und vereinzelten

Häusern. An einer T-Kreuzung biegen wir links ab und treffen bald schräg auf eine Landstraße mit Fahrbahnmarkierungen. Hier fahren wir kurz links weiter, biegen aber nach 50 Metern rechts in die nächste Seitenstraße Richtung Sudenfeld. In einem wunderschönen Buchenhain mit mächtigen alten Bäumen führt der Weg leicht bergauf und bietet schöne Ausblicke auf die hügelige Landschaft mit Getreidefeldern und den bewaldeten Ausläufern des Teutoburger Waldes.

Auf der Höhe angekommen, erreichen wir den Weiler **Sudenfeld,** in dem wir uns an einer Gabelung rechts halten und dem Wegweiser Kirschradroute folgen. Entspannt geht es bergab durch die grüne Landidylle mit ihren stillen Wäldern, die sich hier über die hügelige Landschaft ziehen. Wir erreichen die Talsohle und den Hagener Ortsteil **Natrup-Hagen,** in dem wir auf die Natruper Straße treffen. Diese überqueren wir leicht links versetzt und nehmen in der Neubausiedlung die erste Linksabzweigung. An der nächsten

Seit dem 16. Jahrhundert werden hier Süßkirschen angebaut. Um 1900 war es das bedeutendste Anbaugebiet zwischen Osnabrück und Münster. Durch die Einführung des Plantagenanbaus wurde der Streuobstanbau unwirtschaftlich.

Forellenhof Wellmann

Kreuzung biegen wir scharf rechts ab, verlassen den Ort und steuern auf die nächsten Hügel zu. Aber bevor es allzu bergig wird, biegen wir an einem Weiler links auf den Lotter Weg. Am Ende des Weilers halten wir kurz, um uns den von alten Gebäuden, Kiefern und Wacholdern gerahmten idyllischen alten Mühlenteich anzusehen, der zum **Forellenhof Wellmann** 7 gehört. Rechts erblicken wir hinter Bäumen und Sträuchern eine alte Ölmühle von 1774.

Nach fast 1 Kilometer biegen wir – kurz vor Erreichen einer größeren Straße – rechts ab in die Straße **Im Tiefen Garten,** um der Kirschradroute zu folgen. Es geht bergauf an Häusern vorbei und danach durch einen Wald. Anschließend kommen wir wieder durch einen Ort, biegen zunächst an einer T-Kreuzung und wenig später am Ortsende bei einer weißen Kapelle erneut rechts ab. Die Straße steigt nun lange Richtung des Jägerbergs an. Oben angekommen, biegen wir links in den Zufahrtsweg zum **Gasthaus Jägerberg** 8, das man nach etwa 400 Metern erreicht. Von dort hat man einen wunderbaren, weiten Blick über das Osnabrücker Land.

Bis in die 1980er-Jahre überflutete der ***Goldbach*** *häufig das Tal, weshalb ein Rückhaltebecken gebaut wurde. Ohne seine Funktion zu verlieren, entwickelte sich dies im Laufe der Zeit zu einem Sumpfgebiet mit seltenen Tier- und Pflanzenarten.*

Gehöft bei Hagen

Nach der langen Steigung geht es nun wieder entsprechend lange bergab. An der nächsten Abzweigung nehmen wir die erste Straße rechts Richtung Natrup-Hagen, vorbei an einer Plantage mit perfekt gewachsenen Nordmanntannen. Weihnachten kann kommen! Danach taucht unser Weg in ein Tal, bewaldet mit mächtigen Rotbuchen und fröhlichem Vogelgezwitscher. Nach Verlassen des Waldes kommen wir zu einem Weiler und halten uns an der ersten Gabelung rechts und fahren weiter auf **Im Grund.** Bald treffen wir auf eine Kreuzung, von der wir einen Abstecher zur **Gellenbecker Mühle** 9 machen. Dazu fahren wir zunächst geradeaus und biegen talwärts nach wenigen Metern links ab. Im bewaldeten Tal steht die Mühle, ein Backsteinbau, an dem sich fleißig das Mühlrad dreht. Besichtigen können die Mühle nur Gruppen nach Voranmeldung.

Zurück an der Kreuzung halten wir uns rechts, Richtung Hagen. Da, wo wir auf hohe Pappeln am Wegrand treffen, führt eine kleine Brücke über den Goldbach, die uns auf einen geschotterten Weg parallel zur Straße bringt. Rechts des Wegs liegt ein kleines Feuchtbiotop. Wir erreichen eine kleine Aussichtsplattform mit einer Infotafel, von der wir die Entstehung des Sumpfs erfahren.

An der nächsten Holzbrücke verlassen wir den Weg wieder und fahren auf der Straße weiter. In Hagen treffen wir gegenüber eines hübschen Fachwerkhauses auf die **Natruper Straße.** Hier biegen wir links ab und dürfen dazu den linksseitigen Gehweg entlangradeln. Nach 200 Metern überqueren wir die Straße an einer Fußgängerampel und fahren direkt geradeaus in einen Fuß- und Radweg, der in einen Park führt, in dem wir uns links halten. Am Kindergarten vorbei gelangen wir in die Martinistraße, in der sich der Parkplatz befindet, von dem wir die Tour gestartet haben.

Feuchtbiotop im Rückhaltebecken

Holzhausen
Altenhagen
Schöppersiedlung
Große Heide
Zum Jägerberg
Heidbergstraße
Lengericher Straße
Am Silberberg
Im Grund
Natrup-Hagen
Goldbach
Gellenbeck
Lotter Weg
Hüttenstraße
Natruper Straße
Hagen am Teutoburger Wald
Am Ellenberg
Poggenbach
Teutoburger Waldsee
Holperdorper Straße
L 96
Am Borgberg
Bergstraße
Himmelreich
Iburger Straße
Dillbach
Amtsweg
Am Heidhorn
Sudenfelder Straße
Sudenfeld
Sudenfelder Bach
Zu den Duvensteinen
1
2
3
4
5
6
7
8
9
P

Alles auf einen Blick

WIE & WANN:
Wenig befahrene Straßen und asphaltierte Feldwege, hügelige Tour mit einigen Steigungen. Ganzjährig gut befahrbar, am schönsten im April zur Kirschblüte, im Sommer und Herbst

HIN & WEG:
Auto: Parkplatz Martinistraße, 49170 Hagen a. T. W. (GPS: 52.196075, 7.977522)
ÖPNV: kein Angebot

ESSEN & ENTSPANNEN:
Pizzeria Caesaro ❷ Martinistraße 2, 49170 Hagen a. T. W., Tel. (0 54 01) 34 75 75, www.caesaro.de
Beckmann's Gaststätte ❸ Dorfstraße 11, 49170 Hagen a. T. W., Tel. (0 54 01) 98 02 51, www.gasthaus-beckmanns.de

Entspannung ✸✸✸✸✸
Genuss ✸✸✸✸✸
Romantik ✸✸✸✸✸

Forellenzucht Kasselmann ❺ Forellental 12, 49170 Hagen a. T. W., Tel. (0 54 01) 94 25, www.forellenzucht-kasselmann.de
Zum Forellental ❻ Forellental 7, 49170 Hagen a. T. W., Tel. (0 54 01) 94 39, www.restaurant-zum-forellental.com
Gasthaus Jägerberg ❽ Zum Jägerberg 40, 49170 Hagen a. T. W., Tel. (0 54 05) 9 41 11, www.jaegerberg.de

ENTDECKEN & ERLEBEN:
Töpfereimuseum ❶ Martinistraße 9, 49170, 49170 Hagen a. T. W., Tel. (0 54 01) 9 77-40
Wassertretstelle am Dillbach ❹
Forellenhof Wellmann ❼ Lotter Weg 61, 49170 Hagen a. T. W., Tel. (0 54 05) 83 27, www.hagener-forellenhof.de
Gellenbecker Mühle ❾

47 Kilometer
110 Höhenmeter
5 Stunden
Rundtour

Wir beginnen unsere Tour beim Bahnübergang in **Westerhausen,** an dem sich der kleine Parkplatz bei der Bahnstation befindet. Wir fahren die Westerhausener Straße, die hier die Bahnlinie quert, etwa 200 Meter in südliche Richtung bis zur nächsten Kreuzung. Hier biegen wir rechts ab und fahren durch ein Wohngebiet, Richtung **Bissendorf.** Nach 300 Metern halten wir uns an einer Gabelung ohne Wegweiser schräg rechts und verlassen gleich darauf das Wohngebiet. An den Hallen der Firma Assmann müssen wir links auf einen nicht beschilderten geschotterten Weg abbiegen, der nach 300 Metern in eine Asphaltstraße übergeht. Wir fahren durch flaches Land. Kleine Hügel wie den Holter Berg sehen wir in der Ferne. Nach 1,4 Kilometern

Begütert

Unterwegs im Grönegau

macht unser Weg bei einem kleinen Weiler eine scharfe Kurve nach links. An der nächsten Abzweigung fahren wir geradeaus Richtung **Nemden** und folgen dem asphaltierten Weg an der nächsten Kreuzung nach rechts. Darauf treffen wir bei einem Gehöft auf die nächste Kreuzung und biegen links ab.

Am Rand eines Eichenwalds erreichen wir eine T-Kreuzung. Links zweigt eine stattliche Allee ab, über die wir nach 250 Metern das **Gut Ledenburg** 1 erreichen, das komplett von einem Wassergraben umschlossen ist. Hinter dem Wirtschaftshof liegt hinter einem weiteren Wassergraben das behutsam sanierte Wasserschloss, das leider nicht zu besichtigen ist. Es liegt wie verwunschen da, umgeben von einem märchenhaften Wald.

Panoramatour 8

Wir fahren die Allee zurück, um an der zweiten Abzweigung links, Richtung **Nemden** abzubiegen. Kurz darauf stoßen wir auf eine Landstraße mit Radweg, fahren nach links und überqueren nach 100 Metern am Ende des Radwegs die Straße. Wir verlassen diese Straße und biegen rechts Richtung Hof Luckmann ab, 50 Meter weiter folgen wir rechts dem Moorweg. Es geht durch Wald, vorbei an Feldern und riesigen Weihnachtsbaumplantagen in eine leicht hügelige idyllische Landschaft. Nach knapp 2 Kilometern biegen wir rechts ab und folgen dem Radwegweiser in den Dependahlsweg. Nach 570 Metern biegt der Radweg an einer Kreuzung wieder links ab. An der folgenden T-Kreuzung geht es erneut links weiter bis zu einem Weiler, an dem wir rechts in den Westerwiesenweg abbiegen. Der Weg führt durch das beschauliche Tal, bis wir **Bissendorf** erreichen. An Einfamilienhäusern vorbei fahren wir geradeaus und nach einer Linkskurve weiter Richtung Melle und Holte. Wir sto-

*Das **Wasserschloss Ledenburg** stammt vermutlich aus dem 15. Jahrhundert. Im Laufe der Jahrhunderte erlebte es Brände, zahlreiche Besitzerwechsel und wurde mehrfach umgebaut. Zur Anlage gehören 1000 Morgen Land und forstwirtschaftlich genutzte Flächen.*

Windkraftwerk bei Westerhausen

ßen auf eine Vorfahrtstraße, biegen links ab und unterqueren kurz danach die Autobahn **A30.** Am darauffolgenden Kreisverkehr halten wir uns rechts. Wir folgen nun stets dem Radwegweiser. Entlang der stetig ansteigenden Straße erreichen wir nach 1,3 Kilometern **Holte** ② mit seinem winzigen malerischen Ortskern. An der **Gaststätte Klefoth** ③ führt eine kleine Kopfsteinpflasterstraße links in das Zentrum, das nur aus einer mit riesigen Bäumen umstandenen Kirche und einigen Fachwerkhäusern besteht. Zurück zur Gaststätte lädt der schöne Garten zu einer Rast ein.

Kirche in Holte

Für die Seele

Von aussichtsreichen Höhen durch idyllische Täler, vorbei an malerischem Fachwerk, alten Wasserschlössern und einer außergewöhnlichen Flussteilung.

Auf der den Ortskern umfahrenden **Borgloher Straße** setzen wir unsere Tour nun fort. Am Waldrand endet der Radweg. Den letzten knappen Kilometer leicht bergauf durch den Wald müssen wir auf der Straße fahren. Links bietet sich ein kurzer Abstecher zu Fuß zu den spärlichen Resten der **Holter Burg** ④ an. Schon im 12. Jahrhundert wurde die Anlage zerstört, woraufhin die neue Burg als Wasserschloss erbaut und später in Ledenburg umbenannt wurde.

Endlich oben auf dem höchsten Punkt der Straße angekommen, biegen wir links Richtung Melle ab. Auf der kleinen Straße geht es noch ein kleines Stück weiter bergauf, bis wir endlich auf dem Weinberg angekommen, schöne Blicke über die Landschaft genießen kön-

Bifurkation der Hase

nen. Danach geht es lange bergab an Feldern vorbei und durch den Wald. Hinter **Dratum** stoßen wir an einer abknickenden Vorfahrt auf die Dratumer Straße, auf der wir in derselben Richtung auf dem Radweg links der Fahrbahn weiterfahren. Nach 800 Metern stoßen wir auf die Gesmolder Straße, auf die wir rechts abbiegen, um sie gleich nach 70 Metern rechts in den Schimmweg wieder zu verlassen. Der Weg führt durch ausgedehnte Wiesen. Kurz vor dem Straßenende nehmen wir den schmalen, asphaltierten Weg nach links, der uns zur **Bifurkation** 5 bringt. Um sie zu erreichen, müssen wir gleich vor einem Brückchen noch scharf rechts abbiegen und dann sehen wir schon linker Hand die begehbare Trennwand im Bachbett, wo sich der

An der Bifurkation fließen die Wasser der Hase nicht nur in zwei verschiedene Bäche, sondern in zwei verschiedene Flusssysteme. Während die Hase durch die Ems in die Nordsee fließt, erreicht die Else das Meer über die Weser.

Fluß Hase in die zwei Flüsse Hase und Else teilt, eine seltene geografische Besonderheit.

Über eine kleine Brücke kommen wir zu einer Aussichtsplattform und können schwarzen Galloway-Rindern beim Grasen zusehen. Unter einer Baumgruppe verbirgt sich ein schattiger Rastplatz mit Bänken und Informationstafeln. Von hier kann man auch den Pfad betreten, der direkt in der Bifurkation endet.

Zur Fortsetzung der Tour fahren wir das letzte kurze Stück auf dem asphaltierten Radweg links der Hase zurück, bis zur nächsten kleinen Brücke, bei der wir vorhin abgebogen sind. Wir überqueren nun das Brückchen und fahren links auf dem schmalen asphaltierten Gesmolder Auenweg Richtung **Melle.** Es geht noch ein Stück entlang der kanalisierten Hase und wenig später auf einer kleinen Brücke über die gerade zuvor entstandene Else. An der folgenden T-Kreuzung biegen wir links ab und fahren bis zur Gesmolder Straße, an der wir rechts auf den Radweg abbiegen, der uns durch Gesmold führt. Beim

Schwarze Galloway-Rinder

Kreisverkehr am Ortsende fahren wir noch ein Stück geradeaus, an der nächsten Abzweigung dann aber links Richtung **Schloss Gesmold 6**.

Bald sehen wir die Silhouette des Wasserschlosses, getrennt durch die A 30, die sehr nahe am Anwesen vorbeiführt. Unsensibler hätte man den Verlauf der Trasse kaum planen können. Von der Autobahnbrücke haben wir immerhin einen guten Blick auf das Schloss, das nur Gruppen nach Voranmeldung besichtigen können. Wir fahren weiter und werfen einen Blick durch das schmiedeeiserne Tor auf die gepflegte Anlage mit Orangerie, Garten und einem Herrenhaus der Weserrenaissance.

Vom Torhaus fahren wir zurück, kreuzen die Schlossallee und radeln geradeaus auf einem Feldweg Richtung Melle weiter. An der folgenden T-Kreuzung geht es nach links und an der nächsten Abzweigung wieder nach rechts. Kurz vor Erreichen der Autobahn biegen wir scharf links auf einen betonierten Weg ab und nähern uns erneut der Autobahn. Auf eine Straße treffend, biegen wir links ab auf den begleitenden Radweg, auf dem wir bis zu einem Kreisverkehr fahren.

Schloss Gesmold

Dort halten wir uns links Richtung **Bad Essen.** Unmittelbar vor der Brücke über die Else verlassen wir die Straße nach rechts und folgen dem Weg entlang des Flüsschens, das fast vollständig mit gelben Teichrosen bewachsen ist. Bald erreichen wir am Rande von **Melle** einen lichten Eichenhain mit einem Ensemble schöner Fachwerkhäuser, den **Grönebergpark** 7. Bevor wir die Else überqueren, schauen wir uns im **Grönegaumuseum** um. Es ist ein besonders schönes und altes Fachwerkhaus, das allerdings nur Samstag- und Sonntagnachmittag zu besichtigen ist. Im benachbarten historischen Fachwerkhaus bietet der **Heimathof** 8 eine Einkehrmöglichkeit.

Heimathof Melle

Wir überqueren nun auf einer kleinen Brücke die Else und fahren danach sofort nach rechts über die Meller Hochzeitsallee bis zur nächsten Kreuzung. Von hier kann man einen Abstecher in den hübschen Ortskern von **Melle** machen. Dazu fährt man über die Brücke, danach sofort links bis zum Kreisverkehr, dort rechts und erreicht nach weniger als 200 Metern nach links abbiegend den Markt. Hinter dem Markt beginnt eine kleine Einkaufsstraße mit der verführerischen Theke des Eiscafés **Fontanella** 9.

Nach der kleinen Pause biegen wir von der Hochzeitsallee bei der Brücke links ab und fahren entlang eines Gewerbegebiets. Vor einem Getränkemarkt halten wir uns links und fahren weiter auf der Bismarckstraße, bis wir auf die Oldendorfer Straße stoßen. Hier fahren wir links, biegen sofort danach wieder rechts ab und unterqueren eine Bahnlinie. Unmittelbar nach der Unterführung biegen wir erneut rechts ab und fahren entlang der Bahnlinie, bis wir auf das **Automuseum Melle** 10 treffen – ein weißer mit Säulen verzierter historischer Industriebau einer ehemaligen Möbelfa-

Kirche in Melle

brik. 200 bis 300 Oldtimer und Museumsstücke der verschiedensten Epochen kann man bestaunen, die meisten noch fahrtauglich und als Leihgabe von ihren Besitzern hier geparkt.

Zurück auf dem Fahrradsattel radeln wir die Pestelstraße an den Bahngleisen entlang bis zur Kreuzung, an der es rechts durch eine Unterführung zur Stadtmitte geht. Wir biegen hier aber links Richtung **Buer** ab und fahren bergauf. An der ersten Abzweigung halten wir uns an der Saarlandstraße rechts und fahren bis an das Ende direkt zu einer Treppe, die zu einem Kirchturm führt. Dort biegen wir rechts auf einen gepflasterten Weg ab, an dessen Ende wir links auf die Waldstraße abbiegen. Wie der Straßenname vermuten lässt, erreichen wir bald einen Wald, wo wir auf dem Rad- und Fußweg links der Straße weiterfahren. Wir folgen nun lange dem Verlauf der Straße, die zunächst durch den Wald, danach durch **Eicken** und ab dort weiter Richtung **Buer** führt. Der Weg bietet immer wieder fantastische Ausblicke auf die schöne Landschaft mit sanften, bewaldeten Hügeln und verstreuten Bauernhöfen.

Wir durchqueren Melle und erreichen nach 4 Kilometern die vorfahrtberechtigte Barkhausener Straße. Wir biegen links ab auf den linksseitigen Radweg. Am Kreisverkehr halten wir uns links und folgen der nächsten Linksabzweigung Richtung Aussichtsturm. An der ersten Gabelung halten wir uns rechts und fahren weiter bergauf, bis wir eine Kreuzung erreichen. Unsere Radtour führt hier später rechts weiter. Zuvor sollten wir aber einen Abstecher mit dem Rad und per pedes zum **Aussichtsturm Friedenshöhe ⑪** machen. Dazu fahren wir noch ein kurzes, aber sehr steiles Stück geradeaus bis zu einem Wanderparkplatz. Von hier aus erreicht man über einen Waldweg hinter der Schranke, dem links abzweigenden Weg folgend, nach 300 Metern den Aussichtsturm zu Fuß. Geradeaus kann man radeln und erreicht den Turm nach knapp 400 Metern.

Besonders beeindruckend im Automuseum Melle ist ein Vorläufer des heutigen Elektroautos – ein batteriebetriebenen Wagen der Detroit Electric aus dem Jahr 1915. Er war mit 45.000 Exemplaren das meistgebaute Elektroauto.

Blick vom Aussichtsturm Friedenshöhe

*Der **Grönegau** ist eine historische Gemarkung, die bereits im frühen Mittelalter 852 erstmals urkundlich erwähnt wurde. Ihre Grenzen haben sich seither wenig verändert und sind im Wesentlichen deckungsgleich mit denen der heutigen Stadt Melle.*

Die anstrengende Anfahrt zum hölzernen Aussichtsturm, der 1988 von der Royal Air Force gestiftet wurde, vergisst man beim einmaligen Ausblick auf den Grönegau. Über einen QR-Code lassen sich interessante Informationen abrufen, zum Beispiel, dass unser nächstes Ziel, der historische Ortskern von Buer, eine heute noch weitestgehend erhaltene Ringfestung ist.

Wir setzen unsere Tour fort und erreichen bald den Ortsrand von Buer. Vor dem Sportplatz fahren wir dem Radwegweiser folgend rechts und treffen nach knapp 700 Metern auf die **Osnabrücker Straße,** auf die wir rechts abbiegen, um zum Ortskern zu gelangen. Wir sehen schon bald den Kirchturm. Er ragt hinter einem Fachwerkhaus auf, das als Stadttor dient und durch das wir den **Kirchplatz von Buer** ⑫ erreichen. In der Mitte befindet sich die Kirche, die Häuser ringsherum wurden zu einer Festung angeordnet. Gleich rechts hinter dem Tor befindet sich das **GastWerk** ⑬, ein Restaurant mit historischem Fachwerk, schönem Ambiente und guter Küche.

Bevor wir das letzte Stück wieder zurückfahren, umrunden wir noch die Kirche und verlassen den Kirchplatz wieder durch das Torhaus. Über die Osnabrücker Straße, über die wir den Ortskern erreicht haben, erreichen wir nun in westlicher Richtung das Ortsende von Buer und fahren noch knapp 4 Kilometer auf der Straße ohne Radweg weiter, bis wir links der Straße das **Gut Ostenwalde** ⑭ sehen. Bei dem herrschaftlichen Anwesen handelt es sich um ein ehemaliges Rittergut, das sich seit 1343 im Besitz der Familie von Vincke befindet, die hier heute noch wohnt.

Skulptur in Buer

Der nächste Ort, den wir erreichen, ist **Oldendorf.** Im Ort biegen wir auf Höhe der Kirche nach der Sparkasse links in eine schmale Gasse ab. Danach radeln wir an der ersten Straße rechts und halten uns rechts, bis wir auf die vorfahrtberechtigte Oldendorfer Straße treffen, auf die wir links abbiegen. Nach einer Fußgängerampel gabelt sich die Straße. Dort halten wir uns rechts und folgen dem Verlauf der kleinen Nebenstraße, wobei wir stets der Beschilderung Richtung **Westerhausen** folgen. Nach einer kurzen Eichenallee bei einem schönen Fachwerkhof biegen wir an einer nicht beschilderten Kreuzung nach links auf den Föckinghauser Weg. Hinter einem beschrankten Bahnübergang halten wir uns rechts, erreichen bald die ersten Häuser von **Westerhausen** und fahren weiter bis zu einem Stoppschild an der Kreuzung mit der Westerhausener Straße. Hier biegen wir rechts ab und erreichen gleich unseren Ausgangspunkt am Bahnhof Westerhausen.

Jeggen
Mindener Straße
Wissingen
Ellerbeck
Oberholsten
Bad Essener Straße
Niederholsten
Essener Weg
Hustädter Straße
Sehlingdorf
Buer
12
13
Wissinger Straße
Wersche
Westerhausen
Osnabrücker Straße
Oldendorf
14
Osnabrücker Straße
Bissendorf
DB
1
11
Westerwiesenweg
Gesmolder Straße
P
Himbergen
Nemden
Hase
Westerhausener Straße
Ochsenweg
Oldendorfer Straße
Barkhausener Straße
Holte
2
3
Borgloher Straße
Üdinghauser Straße
30
4
6
Else
Bakum
10
Eicken-Bruche
7
DB
Holter Straße
Dratum
Gesmold
8
9
5
Plaggenstraße
Melle
Allendorfer Straße
Königsbach
Borgloh
Altenmelle
Selhofe

Alles auf einen Blick

WIE & WANN:
Meistens wenig befahrene Straßen, asphaltierte Feldwege, mehrere Steigungen. Ganzjährig gut befahrbar, am schönsten von Frühling bis Herbst

HIN & WEG:
Auto: Parkplatz beim Bahnübergang, Heinrich-Assmann-Straße, 49324 Westerhausen (Melle) (GPS: 52.235800, 8.279528)
ÖPNV: Bf. Westerhausen (Melle) (RB), alternativ Bf. Melle (RB)

ESSEN & ENTSPANNEN:
Gaststätte Klefoth ❸ An der Holter Kirche 2, 49143 Holte, Tel. (0 54 02) 21 17, www.gasthaus-klefoth.de
Heimathof ❽ Friedrich-Ludwig-Jahn-Straße 10, 49324 Melle, Tel. (0 54 22) 92 50 91, www.heimathof-melle.de
Fontanella ❾ Mühlenstraße 19, 49324 Melle, Tel. (0 54 22) 27 39

Entspannung ✱✱✱✱✱
Genuss ✱✱✱✱✱
Romantik ✱✱✱✱✱

GastWerk ⓭ Kirchplatz 2, 49328 Buer, Tel. (0 54 27) 8 01 95 90, www.gastwerk-melle.com

ENTDECKEN & ERLEBEN:
Gut Ledenburg ❶ 49143 Bissendorf
Holte ❷ **Holter Burg** ❹ **Bifurkation** ❺
Schloss Gesmold ❻ Schlossallee 5, 49326 Melle, Tel. (0 54 22) 4 42 16, www.schloss-gesmold.de
Grönebergpark ❼
Automuseum Melle ❿ Pestelstraße 38–40, 49324 Melle, Tel. (0 54 22) 4 68 38, www.automuseummelle.de
Aussichtsturm Friedenshöhe ⓫ **Kirchplatz von Buer** ⓬
Gut Ostenwalde ⓮ Osnabrücker Straße 75, 49324 Ostenwalde, Tel. (0 54 22) 82 57, gut-ostenwalde.de

Wald auf dem Beutling
26 Kilometer
90 Höhenmeter
3 Stunden
Rundtour

Unsere Tour startet am kleinen Wanderparkplatz am Waldrand des **Beutlings,** den man am besten von der Hasestraße aus erreicht. Bevor wir die Rundtour starten, sollten wir zuerst einen Abstecher zum **Aussichtsturm Beutling** ❶ machen, der immer geöffnet ist. Von ihm haben wir einen fantastischen Panoramablick über die Baumwipfel auf den Teutoburger Wald und auf das gesamte Gebiet um Wellingholzhausen, durch das uns die Fahrradtour führen wird. Die Aussichtsplattform ruht auf fünf jeweils 30 Meter hohen Baumstämmen. Der Weg dorthin ist gleichzeitig Teil des neu installierten **Baumlehrpfads** ❷ mit 30 Stationen, der hier am Parkplatz beginnt. Natürlich können wir uns den Abstecher auch für den Abschluss der Tour

Landidylle pur

Stille Natur um Wellingholzhausen

aufheben und dann im benachbarten **Café und Gasthaus Zum Beutling** ❸ einkehren, der einzigen Möglichkeit auf der gesamten Tour.

Wir starten, fahren gut 100 Meter bis zur wenig befahrenen Hasestraße und biegen dort links ab, um von hier entspannt etwa 900 Meter talwärts geradeaus zu rollen. Die erste Kreuzung mit der **Küingdorfer Straße** überqueren wir geradeaus und radeln flott bergab weiter. Dabei dürfen wir die Abzweigung nach rechts Richtung **Melle** aber nicht verpassen, bevor wir an der nächsten Kreuzung nach links fahren, wieder Richtung Melle. Wir treffen auf eine Vorfahrtstraße, biegen rechts ab, um nach 180 Metern die nächste Abzweigung nach links zu nehmen. Der Weg führt uns

*Auf der Terrasse des Cafés und Gasthauses **Zum Beutling** sitzt man in kleinen Abteilen, umgeben von einem Meer duftender Rosen und genießt einen fantastischen Blick auf Wellingholzhausen und die malerische Landschaft.*

leicht bergab in ein idyllisches Tal mit Feldern und kleinen Wäldern. Bei einem Bauernhof mit hohen Silos gabelt sich die Straße. Wir halten uns zuerst links und danach sofort wieder rechts. Nun geht es an weiten Felder entlang bis zur nächsten Abzweigung, an der unser asphaltierter Weg links abknickt. Wir folgen ihm bis zur vorfahrtberechtigten **Altenmeller Straße.** Hier biegen wir links ab auf den Radweg auf der gegenüberliegenden Seite. Nach einem kleinen Wäldchen halten wir uns schräg links und folgen dem Verlauf der kleinen Straße vorbei an einigen Höfen, bis wir nach 2 Kilometern wieder die Altenmeller Straße erreichen. Wir biegen links ab und nehmen dann nach 100 Metern die Rechtsabzweigung Richtung **Gesmold.**

Nach 1,6 Kilometern biegen wir rechts in die Wellingholzhausener Straße, verlassen sie nach 100 Metern aber wieder nach links in eine Nebenstraße. An einer Hochspannungsleitung folgen wir dann schräg

Blick vom Aussichtsturm Beutling auf den Teutoburger Wald

Blick auf Wellingholzhausen

 Für die Seele

Natur und ländliche Idylle pur und intensiv erleben, die Quellen der Hase entdecken und den Teutoburger Wald von oben sehen.

links einem asphaltierten Feldweg. Im hübschen Weiler **Uhlenberg** stoßen wir auf eine T-Kreuzung und biegen links ab. In **Himmern,** an einer weiteren T-Kreuzung, fahren wir rechts. Schließlich biegen wir auf die vorfahrtberechtigte **Borgloher Straße** nach rechts ab, verlassen sie aber nach 150 Metern hinter der Brücke über die Hase wieder nach links. Nun geht es 1 Kilometer schnurgeradeaus. Am Ende einer kurzen Eichenallee biegen wir links Richtung **Wellingholzhausen** ab. Diese Straße endet an der Vessendorfer Straße, der wir nach rechts folgen. Schon nach 200 Metern fahren wir links in eine Nebenstraße. Nun geht es stetig leicht bergauf zu den Ausläufern des **Teutoburger Waldes,** der sich vor uns erhebt.

Wellingholzhausen

Nach 2 Kilometern endet die Straße an der Rechenbergstraße. Wir biegen hier zunächst links ab, nehmen aber schon nach 50 Metern die Abzweigung rechts in den Wald hinein. Ab hier geht es weiter auf Wald- und Forstwegen. Gleich an der ersten Gabelung halten wir uns scharf links, dem Radwegweiser folgend. Unser Weg schlängelt sich entlang der Hase durch den Wald. Nach 1,4 Kilometern beschreibt der Forstweg eine starke Rechtskurve bergauf. Unmittelbar davor zweigt ein unscheinbarer Pfad nach links ins Unterholz ab, nur mit Wanderwegweisern markiert. Diesen müssen wir nehmen, obwohl er nicht nach einem üblichen Radweg aussieht. Wir überqueren einen Bach neben einer Furt über eine schmale Holzbrücke. Danach halten wir uns rechts auf dem Pfad, der sich bald zu einem besser befahrbaren Forst-

*Die **Hase** ist der bedeutendste Fluss im Osnabrücker Land. Seine Quelle ist wenig ergiebig, während die Almaquelle mit 200 Litern pro Sekunde der weit wichtigere Wasserspender ist. Schon nach 4 Kilometern betreibt ihr Wasser die erste Mühle.*

Terrasse Gasthaus Zum Beutling

weg weitet. Nach 300 Metern treffen wir auf ein rechteckiges, holzgefasstes Becken, die **Almaquelle 4.** Sie wird auch Schwarze Welle genannt und speist die Hase, deren Quelle 1 Kilometer weiter oberhalb liegt und im Sommer oft trockenfällt. Hier ist ein idealer Platz für eine Rast. Das aus dem Boden aufsteigende Quellwasser erinnert an kleine Vulkane.

Der Pfad steigt nun an, verlässt den Wald und stößt auf einen asphaltierten Weg, dem wir nach rechts wieder talwärts folgen. Unten angekommen, biegen wir vor einem Bauernhof links auf den Haseweg. Es geht leicht bergauf. An der nächsten Gabelung fahren wir links. Nach 150 Metern halten wir, da sich links von uns wenige Meter neben der Straße unter Bäumen und Haselnusssträuchern die **Hasequelle 5** befindet, die man über einen gepflasterten Weg erreicht. Schattig gelegen unter Büschen direkt neben der Quelle warten zwei Picknickbänke auf Besucher, die diesen romantischen, stillen Ort auf sich wirken lassen wollen.

Almaquelle

Wir folgen dem Haseweg noch ein Stück, bis er an einer T-Kreuzung auf die Hasestraße trifft. Hier befinden wir uns direkt auf der Landesgrenze zwischen Niedersachsen und Nordrhein-Westfalen – nach rechts würden wir Niedersachsen verlassen. Wir fahren stattdessen links die Straße hinunter und erreichen nach 2 Kilometern die Linksabzweigung mit dem Hinweisschild Gasthaus Zum Beutling, über die wir zum Wanderparkplatz und dem Startpunkt der Tour gelangen. Wir können nun noch mit den Rädern oder dem Auto die Beutlingsallee ganz hinunter nach **Wellingholzhausen** fahren und dort rechts in die Ortsmitte abbiegen. Dort öffnet der **Gasthof Schrage 6** ab 17 Uhr seinen schattigen Biergarten. Ein Stück weiter bietet noch das **Eiscafé bei Uschi 7** zum Ausklang seine süßen Spezialitäten .

Hasequelle

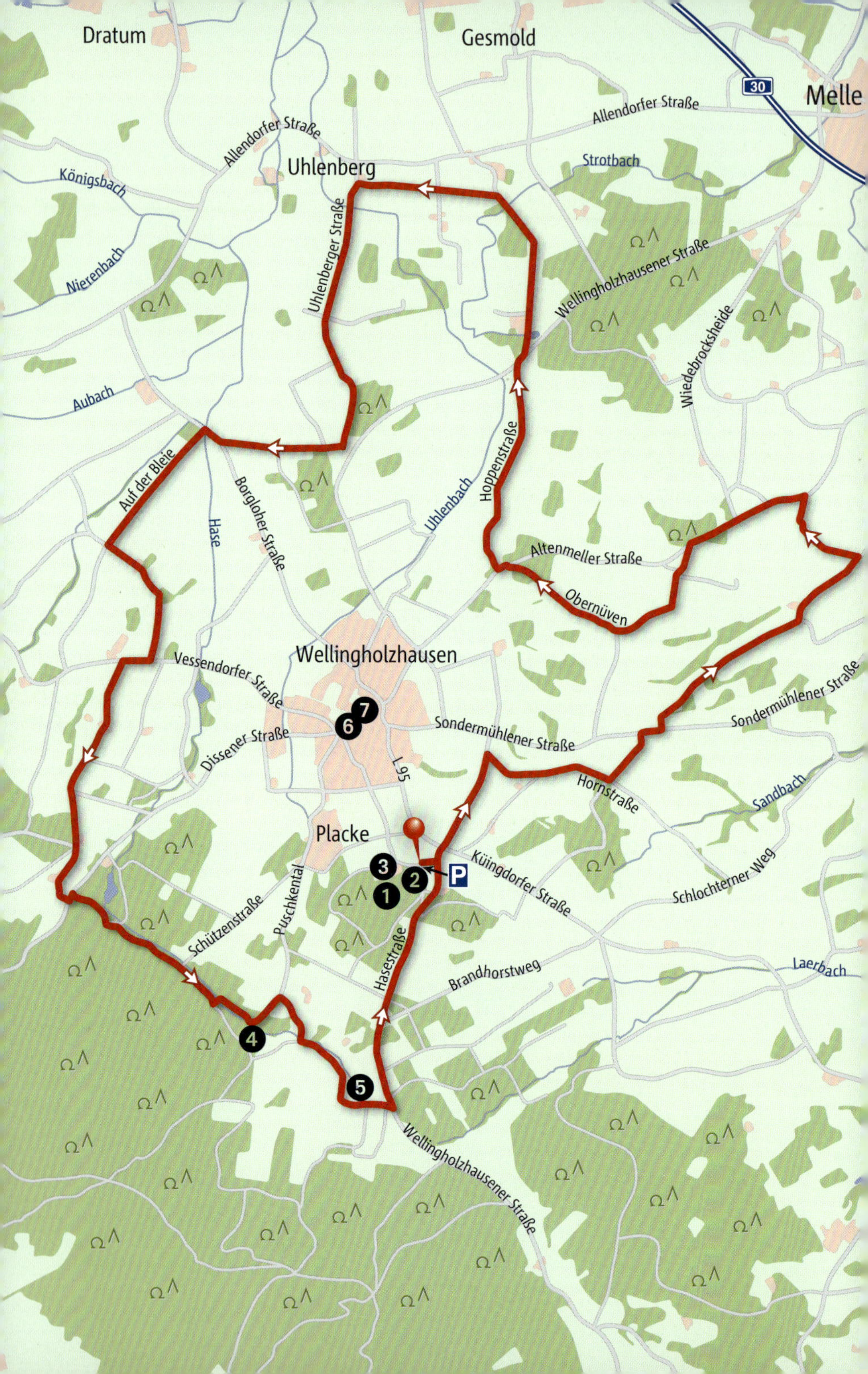
Dratum
Gesmold
Melle
30
Allendorfer Straße
Allendorfer Straße
Uhlenberg
Königsbach
Strotbach
Nierenbach
Uhlenberger Straße
Wellingholzhausener Straße
Wiedebrocksheide
Aubach
Auf der Bleie
Hase
Borgloher Straße
Uhlenbach
Hoppenstraße
Altenmeller Straße
Obernüven
Wellingholzhausen
Vessendorfer Straße
Dissener Straße
Sondermühlener Straße
Sondermühlener Straße
L 95
Hornstraße
Sandbach
Placke
Küingdorfer Straße
Schlochterner Weg
Schützenstraße
Puschkental
Hasestraße
Brandhorstweg
Laerbach
Wellingholzhausener Straße
P
1
2
3
4
5
6
7

Alles auf einen Blick

WIE & WANN:
Größtenteils kaum befahrene Straßen, asphaltierte Feldwege, Waldwege, eine lange, mäßige Steigung. Ganzjährig befahrbar, am schönsten von Frühling bis Herbst

HIN & WEG:
Auto: Wanderparkplatz Beutling, Beutlingsallee, 49326 Wellingholzhausen (GPS: 52.148404, 8.271638)
ÖPNV: kein Angebot

ESSEN & ENTSPANNEN:
Café und Gasthaus Zum Beutling ❸ Beutlingsallee 45, 49326 Wellingholzhausen, Tel. (0 54 29) 4 12, www.bredenstein-gmbh.de
Gasthof Schrage ❻ Dissener Straße 15, 49326 Wellingholzhausen, Tel. (0 54 29) 3 06, www.gasthof-schrage.de
Eiscafé bei Uschi ❼ Am Ring 14, 49326 Wellingholzhausen, Tel. (0 54 29) 21 41

Entspannung ✸✸✸✸✸
Genuss ✸✸✸✸✸
Romantik ✸✸✸✸✸

ENTDECKEN & ERLEBEN:
Aussichtsturm Beutling ❶
Baumlehrpfad ❷
Almaquelle ❹
Hasequelle ❺

Kurpark Bad Rothenfelde

Als Start- und Endpunkt für diese Rundtour haben wir Bad Rothenfelde gewählt. Der gepflegte Kurort mit seinem schönen Kurpark, den Gradierwerken und den gemütlichen Einkehrmöglichkeiten lädt dazu ein, nach der Radtour noch zu verweilen. Wir heben uns die Besichtigungen deshalb für später auf und radeln erst mal los. Vom Parkplatz in der Hannoverschen Straße fahren wir zur Frankfurter Straße, in die wir über den Kreisverkehr nach rechts abbiegen. Auf Höhe der **Haltestelle** des FreizeitBusses befinden sich die **carpesol Spa Therme** ❶ und dahinter das **Sole-Freibad** ❷. Ein Stückchen weiter kommen wir seitlich am **Kurmittelhaus** ❸ vorbei. Danach knickt die Straße beim Hotel Zur Post links ab, wir fahren aber weiter gerade-

Bädertour

Kurorte am Teutoburger Wald

aus auf der Straße Am Kurpark über den Radweg. Vor der Tourist-Information biegt der rot gepflasterte Radweg rechts ab. Wir folgen hier dem Wegweiser Richtung Hilter und Bad Iburg. Rechterhand sehen wir das **Alte Gradierwerk** ❹ und links davon eine Ladenpassage mit dem **Restaurant Siedehaus** ❺. Direkt links des Wegs befindet sich der **Konzertgarten** ❻ hinter dem imposanten Torbau.

Nach 100 Metern treffen wir auf die **Salinenstraße,** über die wir einen Kreisverkehr erreichen. Links am Kreisel ist das **Ehemalige Kurhaus** ❼ einen Blick wert. Wir fahren geradeaus in die Osnabrücker Straße. Nach 600 Metern am Ortsende biegen wir an einer Kreuzung links in die Teutoburger-Wald-Straße ab. Vor

Architekturinteressierte sollten einen Abstecher zum ***Wittekind-Brunnen*** *im reinen Bauhausstil machen. Er liegt direkt 100 Meter westlich der Tourist-Information im gleichnamigen Garten. 1931 wurde die Quelle dank eines Wünschelrutengängers entdeckt.*

einer Klinik folgen wir rechts dem Radwegweiser und verlassen die Straße. Ein geschotterter Waldweg führt am Fuße des Kleinen Bergs leicht bergauf. Der Weg verlässt den Wald auf einer Hügelkuppe, von der wir einen schönen Blick auf **Hilter am Teutoburger Wald** haben, das malerisch vor der bewaldeten Kulisse des Teutoburger Waldes in der Talmulde liegt. Wir biegen hier links ab und tauchen wieder in den Wald ein. An der nächsten beschilderten Wegkreuzung verlassen wir den Wald nach rechts bergab Richtung Hilter. Vor uns liegt ein lang gestrecktes Tal vor bewaldeten Hügeln, hinter denen wir nach Bad Iburg fahren werden. Das Iburger Schloss können wir links in der Ferne schon von hier erkennen.

Es geht nun geradeaus bergab nach **Hilter,** dort stets geradeaus weiter durch eine Einfamilienhaussiedlung, wo die Straße am Ende schräg rechts abbiegt und wir die verkehrsreiche **Bielefelder Straße** erreichen. Dort biegen wir an der Fußgängerampel links ab, um auf

Altes Gradierwerk

Eingangsportal Konzertgarten

Wittekind Sprudel

Für die Seele

Den Charme des Sole-Heilbads Bad Rothenfelde genießen, lange durch Märchenwald radeln, ein Dornröschenschloss besuchen und wunderbar einkehren.

dem gegenüberliegenden Radweg weiterzufahren. Wir folgen der Bielefelder Straße bis zu einem Kreisverkehr, halten uns dort rechts und fahren vorbei an **Schröters' Gasthaus** ❽ mit einem schönen, schattigen Gastgarten und einem günstigen Mittagstisch. Gegenüber liegt das denkmalgeschützte Rathaus, das 1751 als barocker Herrensitz erbaut wurde.

Wir fahren weiter auf der **Osnabrücker Straße** und wechseln noch vor dem Ortsende auf den linksseitigen Radweg, dem wir für etwa 3 Kilometer folgen. Unser Weg steigt bald mäßig an und wir fahren bis zum höchsten Punkt, bevor es leicht wieder bergab geht. Hier dürfen wir die Linksabzweigung nicht verpassen, der wir am Verkehrsschild für einen Wanderpark-

Im Naturschutzgebiet ***Freeden*** *wird ein Teil des Buchenwalds fortwirtschaftlich genutzt, ein anderer Teil hingegen der Natur überlassen, um zum Urwald zu werden. Berühmt ist das Gebiet aber vor allem für die Massenblüte des Hohlen Lerchensporns im Frühling.*

platz folgen wollen. Wir finden auch die Radwegmarkierung Sole-Kneipp-Tour Richtung Bad Iburg. Die laute Straße lassen wir hinter uns und tauchen auf der durchgehend asphaltierten Waldchaussee schon bald in einen wunderbaren, schier endlosen und stillen Forst ein – das Naturschutzgebiet **Freeden.** Außer dem Singen der Vögel, dem Rufen eines Kuckucks und dem Klopfen des Spechts ist hier nichts zu hören. Zunächst geht es leicht bergauf, jedoch ab etwa der Hälfte des Wegs genießen wir die Talfahrt auf dem komfortabel geteerten Weg nach Bad Iburg.

*Im Café, Salon und Restaurant **Kroneck-Salis** kann man in außergewöhnlicher Atmosphäre in dem geschmackvoll eingerichteten alten Haus zu Mittag und Abend essen und im zauberhaften Garten Kaffee und Kuchen genießen. Ein toller Platz zum Abschalten.*

Wir erreichen schließlich die Talsohle, wo wir auf den Freedenbach und kurz danach auf eine Wassertretstelle treffen. Mehrere Wege kreuzen hier. Wir fahren über den Wanderparkplatz und danach am Ortsrand von **Bad Iburg** geradeaus auf der Straße Hagenberg Richtung Ortsmitte. Nach einer Rechtskurve bei der Sparkasse biegen wir vor einem Zebrastreifen links in die Schloßstraße, fahren durch die nette Altstadt direkt zum schönen **Schloss Iburg 9,** einer großen Anlage mit mehreren Gebäuden und verwinkelten

Ehemaliges Kurhaus Bad Rothenfelde

Naturwald Großer Freden

Höfen. Kurz davor können wir uns im **Kaffee und Kuchen ⑩** stärken oder im **Haus Kroneck-Salis ⑪** äußerst stilvoll einkehren, bevor wir zum Schloss kommen.

Wir fahren zurück zum Haus Kroneck-Salis, halten uns an die Rathausstraße rechts und biegen an deren Ende dann links in die Große Straße ab. Wir folgen ihrem Verlauf geradeaus. Vor der neugotischen Kirche St. Jakobus macht sie einen kleinen Schlenker. In der Kirchstraße entdecken wir das nette italienische **Eiscafé Cristallo ⑫,** das auf dem kleinen Platz gegenüber der Kirche Tische und Stühle stehen hat. Kurz nach der Eisdiele steht eine junge **Linde** auf der Straße. Hier biegen wir links ab, treffen auf eine Straße mit Fußgängerampel und setzen die Fahrt gegenüber durch die Schulstraße fort. Nach Unterquerung einer Bahnlinie halten wir uns an der nächsten Gabelung links Richtung **Bad Laer.** Nachdem wir die letzten Wohnhäuser hinter uns gelassen haben, taucht vor uns ein weißes Fachwerkgehöft auf, das **Kunsthaus Bad Iburg ⑬.** Der Künstler Wilfried Schneider hat das schätzungsweise 500 Jahre alte einstige Heuerhaus aufwendig saniert und weitere historische und vom Abriss bedrohte Ge-

Die im Mittelalter gegründete Burg- und Klosteranlage wurde um 1600 in ein ansehnliches Renaissanceschloss umgewandelt. Die gotische Kirche dient seit dem 19. Jahrhundert als Pfarrkirche. Das Schloss beherbergt heute Schlossmuseum, Amtsgericht, Polizei und Behörden.

Schloss Iburg

bäude wiederaufgebaut. Das ganze Ensemble mit seinem schönen Skulpturengarten und der Dauerausstellung des Künstlers ist an Wochenenden zu besichtigen.

Wir fahren weiter auf der schmalen Asphaltstraße durch die fast flache Landschaft mit unterschiedlichen Feldern, kleinen Wäldern und vereinzelten Höfen Richtung **Bad Laer.** Bei einem Hof und der Bushaltestelle **In den Höfen** biegen wir rechts und an der kurz darauffolgenden T-Kreuzung links ab. Nach langer Fahrt durch ländliche Idylle kreuzen wir eine Vorfahrtstraße und erreichen bald darauf den Ortsrand von **Bad Laer.** Der Weg mündet in die Iburger Straße, der wir rechts Richtung Ortsmitte folgen. An einer Kreuzung mit Fußgängerampel machen wir nach links einen kurzen Abstecher in den historischen Ortskern, der vom romanischen **Kirchturm von St. Marien ⓮** überragt wird. Er diente schon im 11. Jahrhundert als Wehrturm und zählt zu den ältesten Bauwerken im Osnabrücker Land. Im **Haus Große Kettler ⓯** oder dem **Hotel Restaurant Storck ⓰** in einem alten Fachwerkhaus können wir eine Pause einlegen.

Schloss Iburg

Wir fahren zurück auf die Hauptstraße, dort nach links, ignorieren die links abzweigende Bielefelder Straße und biegen erst kurz danach vor einer Fußgängerampel links ab. An der nächsten Gabelung halten wir uns rechts. Am Ende einer Reihe alter Platanen biegen wir auf den Radweg links ab. Nach knapp 200 Metern knickt der Weg rechts ab und trifft auf die Umgehungsstraße, die wir überqueren müssen. An der folgenden T-Kreuzung fahren wir links, an der

Neues Gradierwerk Bad Rothenfelde

nächsten Abzweigung sofort wieder rechts und danach gleich wieder links, um über den **Winkelstetter Ring** Bad Laer zu verlassen. Nach mehr als 1 Kilometer halten wir uns an einer y-förmigen Gabelung rechts und fahren an einer T-Kreuzung rechts auf den Fleethweg. Wir erblicken den **Bauernhof Buddendieck** mit seinen großen Gebäuden aus rot-grünem Fachwerk und können hier sogar frische Eier von glücklich auf grüner Wiese scharrenden Hühnern kaufen.

Wir nehmen die nächste Linksabzweigung Richtung Dreiländereck und biegen an der nächsten Kreuzung links Richtung **Bad Rothenfelde** ab. Nach Überquerung einer eingleisigen Bahnstrecke fahren wir rechts und nach 100 Metern wieder links. Wir radeln nun lange geradeaus an Feldern vorbei, bis wir uns an einer T-Kreuzung links halten. Nach 400 Metern dürfen wir nicht verpassen, scharf rechts abzubiegen. Wir fahren genau 1 Kilometer geradeaus, ein Stück davon über geschotterten Weg, und biegen an einer T-Kreuzung vor einer riesigen Weihnachtsbaumplantage links ab.

Bald überqueren wir eine Landstraße mit Fahrbahnmarkierungen und erreichen eine T-Kreuzung. Wir fahren rechts, folgen einer 90-Grad-Kurve nach links und biegen an der nächsten Kreuzung links ab. Nach 380 Metern fahren wir links Richtung Bad Rothenfelde auf einen unasphaltierten Feldweg, der kurz danach in einen Waldweg übergeht. An der ersten Kreuzung folgen wir dem Radwegweiser nach rechts und fahren 2 Kilometer großenteils durch Wald, bevor wir an einer Ampelanlage die Umfahrungsstraße von Bad Rothenfelde überqueren. In einer Wohngegend biegen wir dem Radwegweiser folgend rechts ab in den **Helferner Weg,** dem wir bis zu einem Kreisverkehr folgen.

*Ursprünglich wurden **Gradierwerke** nicht für Kurzwecke, sondern zur Salzgewinnung errichtet. Vor dem Sieden wurde der Salzgehalt des Wassers erhöht. Die Sole wurde hochgepumpt und rieselte entlang der Wände aus Reisig herab, wobei Wasser verdunstete.*

Fast am Ausgangspunkt zurück, erreichen wir links die Bushaltestelle in der Frankfurter Straße, geradeaus unseren Parkplatz. Zum Abschluss fahren wir die Hannoversche Straße bis zu einem Kreisverkehr und kehren im **Café COEUR'chen an den Salinen ⑰** ein. Im Kurpark schräg gegenüber liegt das **Neue Gradierwerk ⑱,** mit 412 Metern das längste in Westeuropa. Man kann es begehen, die Säulenkonstruktion bestaunen und nach oben steigen, um von dort beim Windrad die Aussicht zu genießen. An Wochenenden kann man Führungen machen und einen Teil der unterirdischen Solegänge besichtigen, über die die Sole heute noch zu den Gradierwerken geleitet wird. Auch den schönen **Rosengarten ⑲** sollten wir besuchen. Die über 6500 Rosenstöcke blühen hier dank der salzigen Luft angeblich besonders prächtig.

Solegang

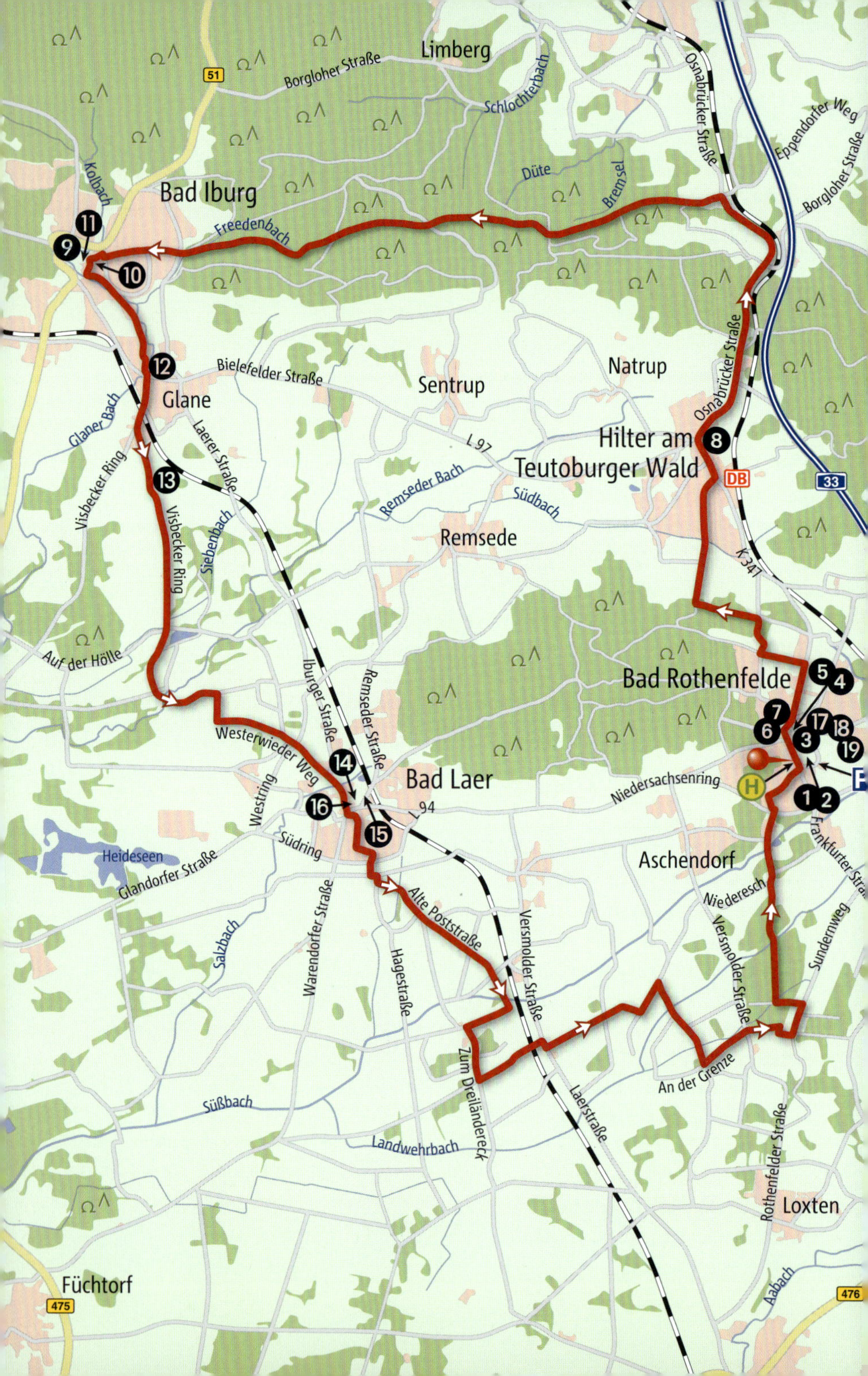

Limberg
Borgloher Straße
Schlochterbach
Osnabrücker Straße
Eppendorfer Weg
Borgloher Straße
Bad Iburg
Kolbach
Freedenbach
Düte
Bremsel
Bielefelder Straße
Sentrup
Natrup
Glane
Glaner Bach
Laerer Straße
L 97
Hilter am Teutoburger Wald
Osnabrücker Straße
DB
33
Visbecker Ring
Remseder Bach
Südbach
Siebenbach
Remsede
K 341
Auf der Hölle
Iburger Straße
Remseder Straße
Bad Rothenfelde
Westerwieder Weg
Bad Laer
Niedersachsenring
L 94
Westring
Südring
Aschendorf
Frankfurter Str.
Heideseen
Glandorfer Straße
Alte Poststraße
Niederesch
Sundernweg
Salzbach
Warendorfer Straße
Hagestraße
Versmolder Straße
Versmolder Straße
Zum Dreiländereck
An der Grenze
Süßbach
Laerstraße
Landwehrbach
Rothenfelder Straße
Loxten
Füchtorf
475
Aabach
476
51

Alles auf einen Blick

WIE & WANN:
Größtenteils kaum befahrene Straßen und asphaltierte Feld- und Forstwege, eine kurze und eine längere moderate Steigung. Ganzjährig gut befahrbar, am schönsten von Frühling bis Herbst

HIN & WEG:
Auto: Parkplatz, Hannoversche Straße 22, 49214 Bad Rothenfelde (GPS: 52.106321, 8.166043)
ÖPNV: Fahrradbus FreizeitBus, Linie 400 Teuto-Region, Haltestelle Bad Rothenfelde Gesundheitstherme, Bf. Dissen-Bad Rothenfelde (RB) 1,7 Kilometer nach Bad Rothenfelde

ESSEN & ENTSPANNEN:
Restaurant Siedehaus ❺ Salinenstraße 2–6, 49214 Bad Rothenfelde, Tel. (0 54 24) 8 00 58 05, www.siedehaus.de
Schröters' Gasthaus ❽ Bielefelder Straße 1, 49176 Hilter am Teutoburger Wald, Tel. (0 54 24) 8 00 04 99, www.schroeters-gasthaus.de

Entspannung ✸✸✸✸✸
Genuss ✸✸✸✸✸
Romantik ✸✸✸✸✸

Kaffee und Kuchen ❿ Schloßstraße 15, 49186 Bad Iburg, cafe-kaffee-kuchen.9gg.de
Haus Kroneck-Salis ⓫ Schloßstraße 17, 49186 Bad Iburg, Tel. (0 54 03) 97 76, www.kroneck-salis.de
Eiscafé Cristallo ⓬ Am Thie 5 a, 49186 Bad Iburg
Haus Große Kettler ⓯ Bahnhofstraße 11, 49196 Bad Laer, (0 54 24) 80 70, www.haus-grosse-kettler.de
Hotel Restaurant Storck ⓰ Paulbrink 4, 49196 Bad Laer, Tel. (0 54 24) 90 08, www.hotel-storck.de
Café COEUR'chen an den Salinen ⓱ Bahnhofstraße 15, 49214 Bad Rothenfelde, www.coeurchen.com

ENTDECKEN & ERLEBEN:
carpesol Spa Therme ❶ Frankfurter Straße 15, 49214 Bad Rothenfelde, Tel. (0 54 24) 2 21 46 00, www.carpesol.de **Sole-Freibad** ❷ Frankfurter Straße 17, 49214 Bad Rothenfelde, Tel. (0 54 24) 22 31 58 **Kurmittelhaus** ❸ **Altes Gradierwerk** ❹ **Konzertgarten** ❻ **Ehemaliges Kurhaus** ❼ **Schloss Iburg** ❾ **Kunsthaus Bad Iburg** ⓭ Visbecker Ring 19, 49186 Bad Iburg, www.kunsthaus-bad-iburg.de **Kirchturm von St. Marien** ⓮ **Neues Gradierwerk** ⓲ **Rosengarten** ⓳

Großsteingrab
Restrup
34,1 Kilometer
200 Höhenmeter
3 Stunden
Rundtour

Startpunkt unserer Tour ist das **Hohe Tor** ❶ in **Fürstenau,** einziges Überbleibsel der Stadtbefestigung. Es steht am Ende der Hohen Straße in unmittelbarer Nähe unseres Parkplatzes. Von hier radeln wir durch die Ortsmitte in Richtung Schloss am Ende der Sichtachse. Nach 100 Metern treffen wir auf den Marktplatz mit dem historischen **Rathaus** ❷, in dem sich die Tourist-Information befindet. Direkt gegenüber steht das **Hotel am Markt** ❸ mit Restaurant und Biergarten und am Ende des Platzes die evangelische **Kirche St. Georg** ❹, die man am Wochenende bei einer Führung besichtigen kann.

Ein Stück die Straße hinunter gibt es mit dem **Hotel & Brasserie Wilken Restaurant** ❺ eine weitere Einkehrmöglichkeit. An der darauffolgenden Kreuzung biegen wir rechts in die Bahnhofstraße, machen aber zuvor einen kurzen Abstecher zum **Schloss Fürstenau** ❻, das von einem Wassergraben umgeben ist. Fürstbischof Gottfried von Arnsberg erbaute an dieser Stelle um 1335 eine Stiftsburg, die in den darauffolgenden Jahrhunderten weiter ausgebaut wurde. Im 16. Jahrhundert erhielt diese mehr und mehr den Charakter eines Schlos-

*Das gotische Bauwerk der **Kirche St. Georg** bekam erst 1899 einen Kirchturm, da bis dahin kein Gebäude das Schloss überragen durfte. Der prächtige Altar und das Taufbecken stammen aus dem Jahr 1695. Seither wurden hier 15.000 Kinder getauft.*

Große Straße in Fürstenau

Wasserland

Von Fürstenau nach Eggermühlen

Schloss Fürstenau

Restaurant Torhaus

ses. Nach dem Dreißigjährigen Krieg residierten die Fürstbischöfe in Bad Iburg, worauf die Anlage langsam verfiel. 1817 wurde der Südflügel der Schlossanlage mit dem ehemaligen Rittersaal und dem ehemaligen Bergfried als Turm zur katholischen Kirche umgebaut.

Bevor wir nun den Damm erreichen, kommen wir am neu eröffneten **Café West** 7 vorbei. Auf der Schlossinsel selbst wartet eine weitere gastronomische Verlockung, das **Restaurant Torhaus** 8, das sich das Mittelalter zum Thema gemacht hat. Wir haben in Fürstenau also eine gute Auswahl an Gastronomie, während sich auf der Rundtour nur noch eine Möglichkeit zur Einkehr bietet.

Heute ist im Schloss auch ein außergewöhnliches Hotel untergebracht. In dem um 1720 gebauten Amtsgefängnis, das zuletzt als Jugendarrest diente, wurden die Zellen zu Hotelzimmern umgebaut. Ein echtes Übernachtungsabenteuer!

Wir verlassen die Schlossinsel wieder über den Damm und biegen an der ersten Kreuzung links in die Bahnhofstraße, der wir etwa 500 Meter folgen. Dann radeln wir an einem etwas unauffälligen Radwegweiser rechts in die **Effenfelder Straße**, kommen durch eine Wohngegend und fahren bis zum Ortsende, wo wir uns an einer Gabelung leicht links halten. An einer Vorfahrtstraße biegen wir links und an der nächstfolgenden Abzweigung rechts ab. Es geht weiter geradeaus durch einen Wald, bis wir wieder schräg auf eine vorfahrtberechtigte Straße treffen und dort schräg rechts weiterfahren. Hinter dem **Weiler Lonnerbecke** folgen wir der ab-

Katholische Schlosskirche

Für die Seele

Stille Landschaft mit sanften Hügel, Wäldern, Wiesen, Bächen und Teichen, dazwischen Mühlen vom Wasser angetrieben und Schlösser von Gewässern umrahmt.

Bauernhof bei Eggermühlen

knickenden Vorfahrtstraße nach rechts. Nach 600 Metern unterqueren wir eine Bahnbrücke einer Draisinenstrecke, tauchen danach aber wieder in einen Kiefernwald ein. Die Straßennamen lassen ahnen, dass es hier mehrere Mühlen gegeben haben muss. Geblieben sind auf jeden Fall einige Mühlenteiche. Wir machen einen kurzen Abstecher nach rechts zur **Sültemühle** ⑨, über die wir auf einer Infotafel erfahren, dass der Bach stets wasserreich war und deshalb die Mühle das ganze Jahr über in Betrieb war.

Zurück auf der Route, fahren wir weiter durch dichten Wald, bis wir den **Weiler Dalum** und die Dalumer Straße erreichen. Wir biegen links ab und fahren auf dem straßenbegleitenden Radweg bald sehr entspannt leicht bergab bis **Bippen.** Hier stößt unsere Straße auf die **Maiburger Straße,** auf die wir schräg links abbiegen und ihrem Verlauf durch den Ort folgen. Am zweiten Kreisverkehr fahren wir geradeaus und verlassen Bippen auf der Ankumer Straße leider ohne Radweg. Nach 1,5 Kilometern können wir an einer Abzweigung auf einen Radweg links der Straße wechseln. Wenig später sehen wir einen braunen

Näpfchenstein

Findling am Wegesrand

Wegweiser, der nach links zum **Näpfchenstein** ⑩ zeigt. Wir biegen ab und erreichen gleich einen Bauernhof, neben dem sich rechts ein kleiner mit Bäumen bestandener Hügel mit einem recht beeindruckenden **Großsteingrab** befindet. Unmittelbar davor liegt separat ein großer Findling mit näpfchenförmigen Vertiefungen. Daher der Name. Wie die Infotafel erklärt, können diese Vertiefungen in Zusammenhang mit kultischen Handlungen gesehen werden.

Nach 1 Kilometer Fahrt an der Straße verlassen wir diese bei einer Rechtskurve und folgen dem Radwegesymbol geradeaus. Das nächste schöne Anwesen direkt am Wegesrand ist das **Reiterhotel Vox** ⑪ mit Restaurant und Biergarten, das uns zu einer Rast einlädt. An einer Weggabelung mit einer Baumgruppe fahren wir rechts und die nächste Möglichkeit wieder links. Wir kommen an einigen Häusern vorbei und treffen wieder auf eine Kreuzung, an der sich ein Picknickplatz mit Schutzhütte befindet. Hier fahren wir rechts. Schließlich treffen wir wieder auf eine Landstraße, biegen links ab und nehmen den Radweg. Daraufhin erreichen wir den Kreisverkehr von Eggermühlen, an dem wir rechts abbiegen und am **Schloss Eggermühlen** ⑫ vorbeiradeln, das wir leider nicht besichtigen können. Wenn wir stattdessen am Kreisverkehr geradeaus einen Abstecher machen, kommen wir nach 100 Metern zu einem Bäcker mit Stehcafé, hinter dem man durch ein

Tor einen Blick auf die Schokoladenseite des Schlosses werfen kann.

Zurück auf unserer Route verläuft der Weg hinter dem Schloss durch eine prächtige alte Eichenallee, die nach 500 Metern leicht links abknickt. An der folgenden T-Kreuzung machen wir einen kurzen Abstecher nach links, wo wir an einem großen Teich die **Wassermühle Wöstenesch** ⑬ erreichen. Unter einem großen Vordach kann man ein beeindruckendes, stählernes Mühlrad bestaunen. Am aufgestauten Teich wartet ein riesiger Tisch auf Picknickgäste.

***Schloss Eggermühlen** – einst mittelalterlicher Rittersitz, heute Schlossanlage aus dem Barock – ist mit Standesamt im Ballsaal, der Schlosskapelle und der Orangerie für Hochzeiten sehr begehrt. In Nebengebäuden stehen Ferienwohnungen für Urlauber bereit.*

Wir fahren das letzte Stück bis zur Abzweigung zurück und dort geradeaus durch das Tal des **Eggermühlenbachs** – eine zauberhafte, friedliche, parkähnliche Landschaft. Wir folgen stets dem Verlauf der Straße und achten auf die Radwegmarkierung, bis wir eine vorfahrtberechtigte Straße erreichen. Wir biegen links ab. Links der Straße sehen wir einen interessanten Rastplatz mit hölzernem Glockenturm und einer Picknickbank. Etwas später beschreibt die Straße eine scharfe Linkskurve, in der wir sie nach rechts verlassen und 300 Meter weiter schräg links auf einem geschotterten Feldweg Richtung **Fürstenau** talwärts in einen Nadelwald fahren. Am Ende des Waldes biegen wir bei einer Schutzhütte links ab, kommen an einem Bauernhof vorbei und haben nun wieder Asphalt unter den Rädern. An der nächsten Kreuzung halten wir uns rechts, an der nächsten Abzweigung biegen wir links ab. Nach gut 500 Metern, auf denen

Im Eggermühlenbachtal

Waldweg im Eggermühlenbachtal

Im Eggermühlenbachtal

wir an einigen Höfen vorbeifahren, müssen wir auf die Wegweiser achten und scharf rechts abbiegen. Nun geht es leicht bergab und wir sind versucht die nächste asphaltierte Linkskurve zu nehmen, müssen aber stattdessen rechts auf einen geschotterten Weg abbiegen, der bald in einen Märchenwald führt. Hinter den Büschen und Bäumen entdecken wir einen kleinen künstlichen See, in dem das Wasser für die links des Weges liegende **Boyemühle** (14) gestaut wird. Das romantisch mit Efeu überwucherte, halb verfallene Bauwerk lässt die Mühlenfunktion kaum noch erahnen.

Wir fahren den geschotterten Weg weiter geradeaus Richtung **Fürstenau.** Bei einem Freibad treffen wir auf eine breite Landstraße, der wir geradeaus auf dem Radweg links der Fahrbahn folgen. Am Ortsanfang von Fürstenau wechseln wir auf den Radweg an der rechten Straßenseite. Nach einer Rechtskurve biegen wir an einer Kreuzung links ab und in der nächsten Linkskurve wieder rechts und erreichen gleich das vor uns aufragende **Hohe Tor.** Wir sind am Ziel und können uns nun für eine der wunderbaren Einkehrmöglichkeiten entscheiden.

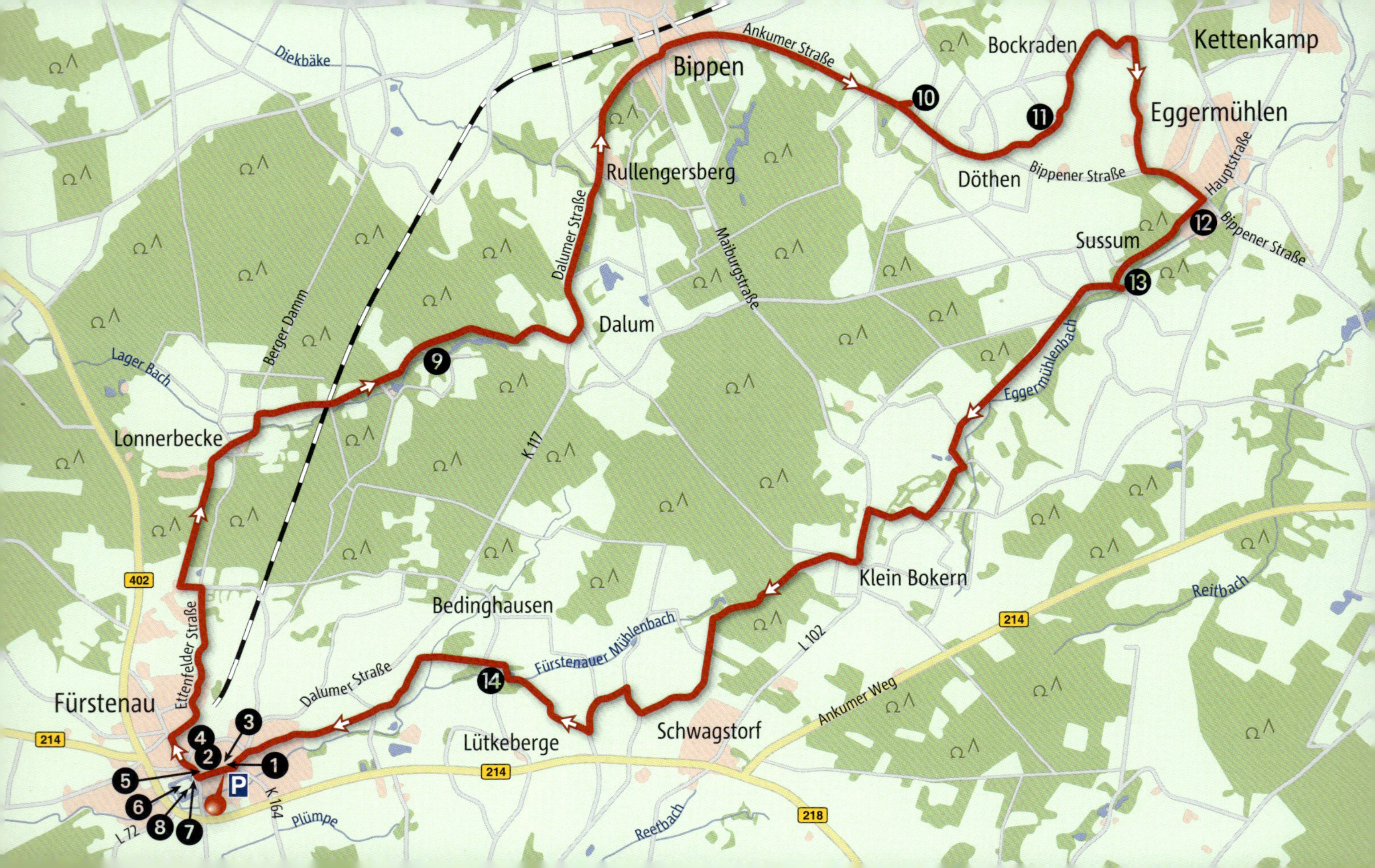
Kettenkamp
Bockraden
Eggermühlen
Bippen
Ankumer Straße
Döthen
Bippener Straße
Hauptstraße
Sussum
Bippener Straße
Rullengersberg
Dalumer Straße
Maiburgstraße
Dalum
Diekbäke
Berger Damm
Lager Bach
Lonnerbecke
K 117
Eggermühlenbach
Klein Bokern
Reitbach
Bedinghausen
Fürstenauer Mühlenbach
L 102
Ettenfelder Straße
Dalumer Straße
Ankumer Weg
Schwagstorf
Lütkeberge
Fürstenau
K 164
Plümpe
L 72
Reetbach
214
402
218
P
1
2
3
4
5
6
7
8
9
10
11
12
13
14

Alles auf einen Blick

WIE & WANN:
Größtenteils kaum befahrene Straßen, Forstwege und asphaltierte Feldwege, wenige sanfte Steigungen. Ganzjährig gut befahrbar, am schönsten von Frühling bis Herbst

HIN & WEG:
Auto: Parkplatz An den Schanzen und Hohes Tor, 49584 Fürstenau (GPS: 52.516786, 7.679056)
ÖPNV: kein Angebot

ESSEN & ENTSPANNEN:
Hotel am Markt ❸ Große Straße 29, 49584 Fürstenau, Tel. (0 59 01) 9 59 22 44, www.hotelrestaurant-am-marktplatz.de
Hotel & Brasserie Wilken Restaurant ❺ Große Straße 7, 49584 Fürstenau, Tel. (0 59 01) 9 31 00, www.hotel-wilken.de
Café West ❼ Große Straße 1, 49584 Fürstenau, Tel. (0 59 01) 31 78, www.cafewest.de
Restaurant Torhaus ❽ Schloßplatz 3, 49584 Fürstenau, Tel. (0 1 63) 8 74 57 83
Reiterhotel Vox ⓫ Bockradener Schulstraße 2, 49577 Eggermühlen, Tel. (0 54 35) 4 43, www.reiterhotel-vox.de

ENTDECKEN & ERLEBEN:
Hohes Tor ❶
Rathaus ❷
Kirche St. Georg ❹ Tel. für Führungen (0 59 01) 31 10
Schloss Fürstenau ❻
Sültemühle ❾
Näpfchenstein ❿
Schloss Eggermühlen ⓬ Holstener Straße 11, 49577 Kettenkamp, www.schloss-eggermuehlen.de
Wassermühle Wöstenesch ⓭
Boyemühle ⓮

Entspannung ✸✸✸✸✸
Genuss ✸✸✸✸
Romantik ✸✸✸✸✸

- 41 Kilometer
- 95 Höhenmeter
- 4,5 Stunden
- Rundtour

Großsteingrab am Wiemelsberg

Unsere Tour beginnt am **Parkplatz** beim Sportplatz. Wir überqueren zuerst die Hauptstraße an der Fußgängerampel, fahren auf dem gegenüberliegenden Radweg nach links und biegen schon nach 30 Metern rechts in den **Osterodener Weg** ab. Ein Hinweisschild zum **Gasthof Dückinghaus** ❶ weist in die Richtung. Es geht leicht bergauf und nach 300 Metern stehen wir schon vor dem Gasthof mit dem Hotel Bahnhof Lechtrup-Merzen – alles im Zeichen der Eisenbahn, obwohl hier nie ein Bahnhof gestanden hat. Die Eltern der Eigentümer hatten aus dem Spreewald die Idee mitgebracht, eine Modelleisenbahnanlage als Servicekraft zu installieren, welche die Getränke den Gästen im Lokal und sogar im Biergarten serviert. Dank viel Tüftelei klappt der Service reibungslos. Mithilfe der Osnabrücker Dampflokfreunde wurde dem Gasthaus 2005 ein außergewöhnliches Hotel angegliedert, alte Eisenbahnwaggons wurden aufgestellt und zu Hotelzimmern umgebaut. Auch die „Bahnhofshalle“ ist absolut sehenswert.

Wir fahren die Straße vom Gasthof aus noch ein kleines Stück weiter, um an der ersten Kreuzung rechts in den **Mühlenweg** abzubiegen. An einer T-Kreuzung biegen wir links ab und an der nächsten Kreuzung bei einer Schutzhütte rechts. Links von uns erstreckt sich ein großer Wald, durch den wir gleich fahren werden. Nach rechts blicken wir über Felder und Wiesen. Wo der Weg in den Wald führt, wechselt der Belag von Asphalt zu Schotter, ist jedoch gut

Außer in Merzen kann man entlang der Route nicht damit rechnen, eine Einkehrmöglichkeit, einen Imbiss oder eine Bäckerei zu finden. Deshalb lohnt es sich, etwas Proviant für ein Picknick mitzunehmen, denn zahlreiche schöne Rastplätze gibt es durchaus.

befahrbar. Gut 3 Kilometer fahren wir durch wunderschönen, stillen Forst. An der ersten Kreuzung im Wald biegen wir scharf links ab und fahren tiefer in den Mischwald hinein. Bald haben wir beim **Trillenberg** und beim **Schillerberg** den höchsten Punkt der Radtour erreicht.

Wir kommen an eine Landstraße mit Radweg, auf dem wir nach links Richtung **Merzen** abbiegen. Nach 350 Metern nehmen wir die Abzweigung rechts Richtung **Plaggenschale.** Wir können uns nun auf eine entspannte Fahrt talwärts auf der asphaltierten schmalen Straße freuen. Nach etwa 3 Kilometern kommen wir an einem netten überdachten Picknickplatz namens **Pausenbank zum Talblick** ② vorbei. In etwa 1 Kilometer erreichen wir bei einer Gruppe Häuser eine Abzweigung, die scharf nach links in den Wald

Gasthof Dückinghaus

führt. Wir folgen dem Weg und erreichen nach 400 Metern den **Wacholderhain Plaggenschale** ③ mit erneuter Rastmöglichkeit, wo sich sogar ein Wasseranschluss befindet. Es lohnt sich, etwas zu verweilen, denn der Ausblick auf die kleine Wacholderheide ist wunderbar. Wer Lust hat, kann hier über einen Barfußpfad die Heide begehen. Zudem gibt es einen Lehrpfad, eine Runde mit Infotafeln durch das Gelände. Am Ende der Heide entdecken wir beim genauen Hinsehen kleine Hügel, den Kern eines prähistorischen Hügelgräberfeldes aus der Bronze- und Eisenzeit zwischen 1200 und 500 v. Chr., eines der besterhaltenen Gräberfelder im Osnabrücker Land.

Die Heide ist eine Kulturlandschaft, die über Jahrhunderte durch Plaggenwirtschaft entstand. Die Bauern stachen sich durchwurzelte, humusreiche Stücke der oberen Bodenschicht (Plaggen) ab, um diese mit Kuhmist als Dünger für die Felder zu nutzen.

Für die Seele

Die Kraft von magischen Orten spüren, zur Ruhe kommen in der Stille und Einsamkeit der Natur, umgeben von Wäldern und friedlich grasenden Rindern.

Schloss Schlichthorst

Zur Fortsetzung der Radtour fahren wir zurück bis zur Straße und auf dieser weiter. An einem Stoppschild erreichen wir die Hauptstraße des winzigen Örtchens **Plaggenschale.** 200 Meter rechts von hier befindet sich der **Gasthof Gerbus** ④. Wir überqueren die Straße und biegen gleich danach vor einem Modegeschäft rechts in die **Alte Schulstraße.** Wir folgen dem Verlauf der kleinen Straße und haben an einer Handvoll Häuser vorbei den Ort schon wieder verlassen. Einem Radwegweiser folgend biegen wir an der ersten Abzweigung rechts auf einen asphaltierten Feldweg. Nach 2 Kilometern durch eine sanft gewellte Landschaft mit vereinzelten Häusern erreichen wir vor **Schloss Schlichthorst** ⑤ eine Vorfahrtstraße, auf die wir links abbiegen.

Nach 1,3 Kilometern biegen wir im kleinen Dörfchen **Engelern** rechts Richtung **Voltlage** ab. Nach 150 Metern halten wir uns wieder rechts und radeln auf einem schmalen asphaltierten Weg weiter. An der nächsten Kreuzung fahren wir geradeaus und an der folgenden Gabelung nach rechts, um nach gut 1 Ki-

Bei Merzen

Heimatmuseum Höckel

lometer eine Vorfahrtstraße zu überqueren. Die nächste vorfahrtberechtigte Straße überqueren wir wieder, fahren geradeaus und biegen dann nach einer Biogasanlage rechts ab. Wir treffen auf eine Kreuzung, an der wir links Richtung Voltlage radeln. Hier fahren wir so lange geradeaus, bis wir an einer Kreuzung links, Richtung Voltlage geschickt werden. Danach folgt ein schnurgerades Stück Weg, an dessen Ende wir rechts in einen tunnelartig bewachsenen Weg abbiegen. An der nächsten Linksabzweigung verlassen wir ihn wieder, aber auch hier ist der Weg wunderschön zugewachsen.

Bei der folgenden Gabelung halten wir uns leicht links und kommen an einen überdachten Rastplatz. Bald danach kommt die nächste Rechtsabzweigung, der wir 450 Meter folgen, um dort links abzubiegen. Wir folgen dem Weg bis zur **Fürstenauer Straße,** biegen links ab und kommen nach wenigen Metern auf den Hof Kleineberg mit dem **Heimatmuseum Höckel** 6. Im

Fokus des schönen Museums stehen das dörfliche Leben und historische Arbeitsplätze. So findet man rekonstruierte Werkstätten von Schuhmachern, Schneidern oder einem Schmied sowie einen eingerichteten Friseursalon. Leider gibt es keine festen Öffnungszeiten, weshalb man vorab einen Besichtigungstermin vereinbaren sollte.

Wir fahren das letzte Stück wieder zurück und dann auf dem Radweg entlang der Straße nach **Voltlage** weiter. Kurz vor Erreichen der ersten Häuser biegen wir links in die **Bockhorststraße** und stoßen auf das Ortsschild von Voltlage. Gleich an der nächsten Kreuzung überqueren wir den Ankummer Damm, lassen die Häuser am Ortsrand hinter uns und fahren nun für etwa 5 Kilometer schnurgeradeaus durch ebene Landschaft. Felder und Weiden, vereinzelt stehende Bauernhöfe und Baumgruppen bestimmen das Bild. Ein bebautes Grundstück unterbricht unsere Geradeausfahrt kurz. Während die Straße an einem rot-weiß gestreiften Schild nach links führt, fahren wir auf einem schmalen asphaltierten Weg geradeaus und stoßen nach wenigen Metern auf den vorfahrtberechtigten **Fürstenauer Damm,** den wir überqueren. Danach geht es weiter geradeaus.

Bei Voltlage

Nach genau 2 Kilometern biegen wir nach einem neuen ungewöhnlichen Wohnhaus in neoklassizistischem Stil dem Radwegweiser folgend rechts ab. Nach einer Linksabzweigung fahren wir zunächst geradeaus Richtung **Ankum** und biegen unmittelbar vor einem Wald rechts auf einen schwer befahrbaren sandigen Weg ab. Auch wenn uns Zweifel kommen, wir sind auf einem offiziellen Radweg, auf dem wir

*Das **Großsteingrab am Wiemelsberg** ist rund 5000 Jahre. 14 Trag- und 6 Decksteine sind noch vorhanden. 1807 fand man bei einer Ausgrabung 12 Tongefäße, ein kleines Beil und Pfeilspitzen.*

350 Meter an Feldern vorbei in einen Wald fahren, in dem wir rechts Richtung **Wiemelsberg** abbiegen. Über einen etwas weniger sandigen Weg geht es zwischen Wald und Feld knapp 400 Meter bis zu einem Pfad leicht bergan, bevor wir uns nach rechts in den Wald begeben. Nach gut 100 Metern stehen wir vor dem **Großsteingrab Wiemelsberger Steine** ⑦, der am besten erhaltenen Grabanlage im Osnabrücker Land. Das Hügelgrab mit seinen gigantischen Steinen wird von zwei knorrigen Eichen eingerahmt. Caspar David Friedrich hätte es nicht schöner malen können. Wir machen Pause auf einer Picknickbank und lassen die Stille und Einsamkeit dieses magischen Ortes hier am Waldrand mit Blick auf die Landschaft auf uns wirken.

Nach Beendigung der Pause fahren wir zunächst denselben Weg zurück, also zwischen Feld und Wald hinunter bis zur Abzweigung, dort links und nach wenigen Metern wieder rechts. Nach 350 Metern

Großsteingrab am Wiemelsberg

Waldrand bei Merzen

kreuzen wir die **B 218,** fahren weiter am Waldrand auf einem unasphaltierten Weg und nach 600 Metern am Ende des Waldes links. Nur kurz tauchen wir in den Wald ein – ein Meer von Farn zwischen den Bäumen erwartet uns. Auf einem Feldweg mit einem Grasstreifen in der Mitte, wie man es von früher kennt, fahren wir am Waldrand entlang und folgen der Radwegweisung. Der Weg entfernt sich vom Waldrand und wir unterqueren bald eine mächtige Hochspannungsleitung und biegen rechts auf einen gepflasterten Feldweg. An der nächsten Kreuzung fahren wir vor einem kleinen Eichenwald rechts. Kurz danach geht es links weiter. Wir erreichen eine Gabelung und biegen links nach **Merzen** ab. Nach 1,5 Kilometern erreichen wir den Ortsrand und folgen der Straße durch ein Wohngebiet bis an die **Hauptstraße.** Hier fahren wir rechts, vorbei an der **Pizzeria Casa Lopergolo ⑧,** der zweiten Einkehrmöglichkeit in Merzen neben dem Gasthof Dückinghaus. Weiter geht es durch die Ortsmitte bis wir links die Zufahrt zu unserem Parkplatz erkennen.

Fürstenau
214
Schwagstorf
Westeroden
Osteroden
Reetbach
K 164
Plaggenschale
Hollenstede
218
Pallertkanal
Engelern
Lechtrup
Westerholter Straße
Engelerner Straße
Merzen
P
Bottum
Ahe
Fürstenauer Damm
Feldstraße
Fürstenauer Straße
Ankumer Damm
Höckeler Straße
Südmerzener Straße
Im Hackemoor
Bottumer Straße
In der Schneit
Lagerstraße
Höckel
Memedingsbach
Pius
Backsteinstraße
Lechtruper Torfweg
Südmerzen
Vor den Höfen
Ueffeln
Weeser Aa
Voltlager Aa
Voltlage
Bockhorststraße
1
2
3
4
5
6
7
8

Alles auf einen Blick

WIE & WANN:
Meist kaum befahrene Straßen, großenteils asphaltierte Wege, nur eine kürzere und eine längere sanfte Steigung. Ganzjährig gut befahrbar, am schönsten von Frühling bis Herbst

HIN & WEG:
Auto: Parkplatz beim Sportplatz, Hauptstraße 39, 49586 Merzen (GPS: 52.478534, 7.828889)
ÖPNV: kein Angebot

ESSEN & ENTSPANNEN:
Gasthof Dückinghaus ❶ Osterodener Weg 20, 49586 Merzen, Tel. (0 54 66) 3 68, www.dueckinghaus.de
Gasthof Gerbus ❹ Hauptstraße 68, 49586 Merzen, Tel. (0 54 66) 3 29
Pizzeria Casa Lopergolo ❽ Südmerzener Straße 1, 49586 Merzen, Tel. (0 54 66) 93 79 59

ENTDECKEN & ERLEBEN:
Pausenbank zum Talblick ❷
Wacholderhain Plaggenschale ❸
Schloss Schlichthorst ❺
Heimatmuseum Höckel ❻ Fürstenauer Straße 6, 49599 Voltlage, Tel. (0 54 67) 3 02
Großsteingrab Wiemelsberger Steine ❼

Entspannung ★★★★★
Genuss ★★★☆☆
Erlebnis ★★★★☆

Hohe Hase
37 Kilometer
13 Höhenmeter
4 Stunden
Rundtour

Unsere Tour beginnt auf dem Parkplatz beim **Hase Bad mit Varus Therme** ①. Ein idealer Ort, um die Fahrradtour am Ende mit einem entspannenden Saunabesuch ausklingen zu lassen. Am Ende des Parkplatzes, direkt rechts neben dem Bad, führt der Radweg vorbei, den wir nehmen, um Richtung Bramsche zu radeln. Hinter dem Hase Bad befinden sich ein Minigolfplatz und das kleine **Café am Hasesee** ②. Wenige Meter weiter radeln wir direkt auf den Badestrand am **Hase-See** ③ zu. Hier halten wir uns rechts und fahren weiter am Seeufer entlang. Der Weg mündet am Rand von **Bramsche** in eine Wohnstraße. An einem Kreisverkehr biegen wir rechts ab, überqueren die Hase und biegen an der nächsten Straße bei einer Bushaltestelle links ab. Wir folgen deren Verlauf 500 Meter über einen Kreisverkehr hinweg bis zu einer Kreuzung, an der wir links zum **Tuchmachermuseum** ④ abbiegen.

Nach dem Museumsbesuch radeln wir zurück zur Kreuzung, dort geradeaus und an der übernächsten Gabelung links in die **Münsterstraße.** An der nächsten Kreuzung fahren wir rechts in die Kirchhofstraße, die uns an der Kirche vorbei zum malerischen **Marktplatz** bringt. Hier lohnt es sich, die Räder abzustellen, sich etwas umzuschauen und einzukehren. Wer gerne traditionelle deutsche Küche mag, ist im historischen **Gasthof Alte Post** ⑤ mit wirklich tollem Ambiente gut aufgehoben. Alternativ sind das moderne **Café 1823 Justus** ⑥ gegenüber oder das **Eiscafé La Gondola** ⑦

*Das **Tuchmachermuseum** ist besonders interessant. Es zeigt lebendige Industriegeschichte in den historischen Gebäuden der im 16. Jahrhundert gegründeten Tuchmachergilde. Einige alte Fachwerkhäuser gegenüber verleihen dem ganzen Ensemble ein romantisches Flair.*

Flüsse und Seen

Zwischen Bramsche und Alfsee

Tuchmachermuseum in Bramsche

nebenan zu empfehlen. Rechts der Kirche vom Marktplatz aus gesehen beginnt die **Große Straße,** eine nette Einkaufsstraße und Fußgängerzone, durch die wir unsere Tour fortsetzen.

Ab dem Münsterplatz wird die Fußgängerzone zur Straße, die wir geradeaus weiterfahren. An der nächsten Kreuzung führt links die **Bahnhofstraße** zum Regionalbahnhof, an dem man die Tour starten und beenden kann, wenn man nicht mit dem Auto anreist. Wir fahren weiter durch die Lindenstraße, am Kreisverkehr geradeaus, um dann nach 370 Metern schräg rechts über den **Riester Weg** Bramsche zu verlassen. Auf diesem fahren wir 1,5 Kilometer bis zu einer Vorfahrtstraße, an der wir auf dem gegenüberliegenden Radweg rechts abbiegen. Vor einer Brücke über den **Zuleiter** biegen wir links ab, um zunächst am linken Ufer des Kanals entlangzufahren.

*Der **Zuleiter** ist ein Kanal, über den das Wasser der schon kanalisierten Hase in den Alfsee geleitet wird. Der 2,2 Quadratkilometer große Stausee dient als Hochwasserrückhaltebecken, da die Hase häufig für heftige Überschwemmungen sorgte.*

Marktplatz in Bramsche

Für die Seele

Romantische Klöster, malerisches Fachwerk und immer wieder Wasser: in der Therme, in Badeseen und Teichen, in Kanälen, Bachläufen und dem Alfsee.

Bei **Sögeln** entfernt sich der Weg vom Wasser, weshalb wir die erste Rechtsabzweigung Richtung Alfsee nehmen, um nach 400 Metern den Zuleiter zu überqueren. Unmittelbar hinter der Brücke biegen wir links auf einen geschotterten Weg. Hinter einem unbeschrankten Bahnübergang müssen wir ein Gatter öffnen. Dahinter wartet ein holpriger Verbundsteinpflasterweg, ein Relikt aus den Siebzigern, auf dem wir rechts eines Deichs weiterfahren. Nach 1,5 Kilometern überqueren wir links eine Brücke, hinter der wir rechts abbiegen. Der Weg, hier in besserem Zustand, führt nun weiter am Fuß des Deichs Richtung **Alfsee,** den wir nach gut 1 Kilometer erreichen. Wir verlassen hinter einem Masten einer Hochspannungsleitung scharf rechts an einer Abzweigung den etwas öden Weg und erreichen die Deichkrone. Auf dem erhöhten Weg radeln wir weiter mit Ausblick auf die Landschaft und den See.

Kirchhöfnerei

Nach 2 Kilometern verlassen wir die Deichkrone auf einem Weg nach links, überqueren die Uffelner Aue – ein künstlicher Bachlauf am Fuße des Deichs – fahren durch ein Tor und treffen danach auf einen geschlossenen Bahnübergang. Die Schranken öffnen sich nach Betätigung des Schalters an der gelben Sprechanlage. Wenig später kreuzen wir die stark befahrene **B 68** und erreichen **Alfhausen.** Bei einer Tankstelle überqueren wir eine vorfahrtberechtigte Straße und treffen auf die **Hauptstraße,** über die wir nach knapp 200 Metern die **St. Johanniskirche mit Kirchhöfnerei** **8** erreichen.

An der Kirche biegen wir rechts in die Alte Schulstraße, kreuzen die **B 68** durch eine Unterführung und verlassen Alfhausen an der nächsten Kreuzung nach rechts. An der folgenden T-Kreuzung fahren wir auf dem Radweg an der Straße nach links. Auf Höhe der Abzweigung zur Biologischen Station wechseln wir auf den rechtsseitigen Radweg. Die Straße steigt leicht an und führt auf dem Deich am Nordufer des Alfsees weiter. Über die nächste Abzweigung verlassen wir den Deich wieder nach rechts, fahren über einen Großparkplatz für Seebesucher und folgen dem Verlauf der **Westerfeldstraße.** Nach knapp 1 Kilometer kommen wir zu einer Kreuzung, an der wir rechts einen Abstecher zum riesigen **Alfsee Ferien- und Erlebnispark** 9 machen können, einem riesigen Freizeitgelände mit großem Campingplatz, einem Hotel und dem kleinen **Dubbelausee.** Der hat einen Sandstrand mit Beach-Bar, ein Restaurant und eine Wasserskianlage, die einen Besuch wert sind.

Nach dem Abstecher fahren wir die Straße weiter bis zu einem Kreisverkehr und biegen dort links ab. Nach 700 Metern überqueren wir am Ortseingang von **Rieste** eine Bahnlinie und biegen an der nächsten

Die katholische Pfarrkirche mit ihrem 46 Meter hohen Turm stammt aus dem 13. Jahrhundert. Die Kirchhöfnerei, von der heute noch eine äußerst malerische Zeile hübscher Fachwerkhäuser rechts der Kirche steht, ist Teil der einstigen Kirchburg.

Wasserskianlage am Dubbelausee

Kreuzung links ab in die **Bahnhofstraße.** Der folgen wir, bis wir etwa 600 Meter nach dem Ortsende, beim Wegweiser „Kloster Lage“ rechts abbiegen. Danach überqueren wir die Hase und biegen an der folgenden Abzweigung links in die Lager Allee, auf der wir nach 500 Metern das **Kloster Lage** ⑩ erreichen. Die schöne Anlage beherbergt heute ein Dominikanerinnenkloster und die spätgotische Wallfahrtskirche St. Johannes der Täufer mit barocker Ausstattung. Der malerisch mit Bäumen zugewachsene Bach Hohe Hase umfließt das Kloster und die Gaststätte **Zur Alten Küsterei** ⑪.

Wir verlassen das Klostergelände und biegen links ab, um unsere Tour fortzusetzen. Der Weg führt uns durch eine schöne Landschaft mit Feldern und Wiesen, zahlreichen kleinen Wäldern und Baumgruppen. Nach 1,3 Kilometern biegen wir an einer Kreuzung rechts Richtung **Malgarten** ab, treffen nach weiteren 500 Metern an einer Kurve auf eine Vorfahrtstraße, an der wir auf einem Radweg links

Allee beim Kloster Lage

Hohe Hase

der Fahrbahn praktisch geradeaus weiterfahren. An der nächsten Abzweigung machen wir einen Abstecher nach links und kommen nach 500 Metern zu **Rohdes Heuerhaus** ⑫, ein Kleinod am Wegesrand. „Das urgemütliche Café" steht auf einem Schild und verspricht damit sicher nicht zu viel. Auf eleganten Stühlen sitzt man auf englischem Rasen in perfekter Harmonie und Idylle. Selbst wenn das Café geschlossen hat, lohnt sich ein Blick auf das bescheiden wirkende Fachwerkhaus mit dem traumhaften Buchsbaumgarten.

Zurück an der letzten Abzweigung setzen wir unsere Tour auf dem Radweg an der Straße fort, bis sie auf eine Vorfahrtstraße stößt. Hier biegen wir rechts ab, wobei der Radweg leider schon nach wenigen Metern endet und wir auf der Fahrbahn weiterfahren müssen. Nach 600 Metern können wir die Landstraße nach rechts Richtung **Alfsee** verlassen. Wir folgen dem Verlauf des Weges, queren bald darauf die Hase, die sich hier in ihrem natürlichen Bett durch die Ebene schlängelt. Ein Stück geht es auf einem unasphaltierten Feldweg weiter, bis wir auf eine Straße stoßen und dort links Richtung **Malgarten** abbiegen. An der nächsten beschilderten Kreuzung biegen wir wieder

Rohdes Heuerhaus

rechts ab und fahren auf der Straße weiter. Nach 1,7 Kilometern erreichen wir an einer T-Kreuzung das **Kloster Malgarten** ⑬. Durch das gelbe Torhaus betreten wir die Klosteranlage und sind sofort verzaubert. Vergessen sind die letzten weniger angenehmen Kilometer auf der Landstraße. Gleich im ersten Haus kann man im Café und Restaurant **Zum Amtsrichter** ⑭ einkehren und im Biergarten unter alten Bäumen entspannen. Von den ursprünglichen Klostergebäuden ist die heutige katholische Pfarrkirche noch erhalten, deren romanischer Bau im Barock und Rokoko entsprechend umgestaltet wurde. Ferner befinden sich auf dem Gelände noch die hübschen Themengärten, die stets zugänglich sind.

Kloster Malgarten

Nachdem wir das Kloster durch die Pforte verlassen haben, fahren wir wieder auf der Straße ohne Radweg nach rechts, bis wir sie nach 700 Metern schräg rechts Richtung Bramsche verlassen können. An der ersten Abzweigung kurz vor der Autobahn A1 fahren wir rechts und danach 1,4 Kilometer geradeaus. In **Epe** halten wir uns zunächst leicht rechts, fahren an der nächsten Gabelung aber links weiter. Nach weiteren 800 Metern biegen wir rechts ab. An der nächsten T-Kreuzung fahren wir links und folgen dem Verlauf der Straße bis wir auf eine Vorfahrtstraße stoßen. Hier fahren wir rechts und biegen an der dritten Möglichkeit, nach etwa 450 Metern, links ab. Kurz danach stoßen wir auf die **Malgartener Straße** in **Bramsche**, auf die wir links abbiegen und sofort danach den Parkplatz an der Therme erreicht haben.

*Das Bedediktinerinnenkloster **Malgarten** war eine katholische Enklave im protestantischen Bramsche und wurde erst 1802 durch Napoleon aufgelöst. Außer der romanisch-gotischen Kirche ist noch ein Flügel des Kreuzgangs von der einstigen Anlage erhalten.*

Alfhausen
Riester Straße
Riester Straße
Alfsee
Hase
Bahnhofstraße
Westerfeldstraße
Sögelner Straße
Rieste
Klein Wittefelderort
Riester Damm
68
Sögelner Mühlenbach
Riester Straße
Malgarten
Wittefelder Allee
Zuleiter
Sögeln
Sögelner Allee
Hesepe
218
Riester Straße
Hohe Hase
Malgartener Straße
Nonnenbach
Am Zuschlag
Bramscher Straße
Hase
Epe
68
Epe-Knäppen
Darnsee
1
Nordtangente
Lappenstuhl
P
DB
Hase-See
Bramsche
Lutterdamm
Mittellandkanal
Hemker Straße
218

Alles auf einen Blick

WIE & WANN:

Größtenteils kaum befahrene Straßen, 3 Kilometer Landstraße ohne Radweg, am Zulauf schlechter Verbundsteinpflasterweg, keine Steigungen. Ganzjährig gut befahrbar, am schönsten von Frühling bis Herbst

HIN & WEG:

Auto: Parkplatz und Wohnmobil-Stellplatz Hase Bad, Malgartener Straße 49, 49565 Bramsche (GPS: 52.414616, 7.993007)
ÖPNV: Bf. Bramsche (RB) (200 Meter über die Bahnhofstraße zur Route)

ESSEN & ENTSPANNEN:

Café am Hasesee ❷ Malgartener Straße 51, 49565 Bramsche, Tel. (0 54 61) 9 08 10 93, www.cafe-am-hasesee.com
Gasthof Alte Post ❺ Am Markt 1, 49565 Bramsche, Tel. (0 54 61) 9 96 43 11, www.alte-post-schneider.de
Café 1823 Justus ❻ Am Markt 3, 49565 Bramsche, Tel. (0 54 61) 6 11 82, www.baeckerei-justus.de
Eiscafé La Gondola ❼ Am Markt 2, 49565 Bramsche, Tel. (0 54 61) 6 38 85
Zur Alten Küsterei ⓫ Lage 2, 49597 Rieste, Tel. (0 54 64) 3 35 97 32, www.altekuesterei.de
Rohdes Heuerhaus ⓬ Suthaarstraße 10, 49597 Rieste, Tel. (0 54 64) 54 68, www.rohdes-heuerhaus.de
Zum Amtsrichter ⓮ Am Kloster 2, 49565 Bramsche, Tel. (0 54 61) 9 86 99 62, www.amtsrichtermalgarten.de

ENTDECKEN & ERLEBEN:

Hase Bad mit Varus Therme ❶ Malgartener Straße 49, 49565 Bramsche, Tel. (0 54 61) 8 87-8 00, www.baeder-bramsche.de
Hase-See ❸ **Tuchmachermuseum** ❹ Mühlenort 6, 49565 Bramsche, Tel. (0 54 61) 9 45 10, www.tuchmachermuseum.de
St. Johanniskirche mit Kirchhöfnerei ❽
Alfsee Ferien- und Erlebnispark ❾ **Kloster Lage** ❿ **Kloster Malgarten** ⓭

Entspannung ★★★★★
Genuss ★★★★☆
Erlebnis ★★★★★

Knollmeyers Mühle

- 34 Kilometer
- 75 Höhenmeter
- 4 Stunden
- Rundtour

Nachdem wir im Strothmannsweg geparkt haben, befinden wir uns schon auf unserer Route und fahren hinunter zur **Bremer Straße.** Diese überqueren wir an der Ampelanlage und folgen dabei dem Radwegweiser für die Tour „Rund um Belm", welche unserer Route weitgehend entspricht. Die Radler, die mit dem FreizeitBus angekommen sind, fahren die Bremer Straße Richtung Osnabrück hinunter und treffen an dieser Kreuzung von rechts auf unsere Strecke. Sie biegen hier rechts in die **Weberstraße** ab.

Wir fahren kurz durch ein Gewerbegebiet, an einer abknickenden Vorfahrt geradeaus und an einer Gabelung leicht links auf den Radweg, der uns auf einer Brücke eine Bahnstrecke überqueren lässt. Nach etwas mehr als 600 Metern trifft unser Radweg bei einer Ausfahrt der B 65 auf die **Haster Straße.** Hier biegen wir links auf den Radweg links der Fahrbahn Richtung **Icker,** unterqueren die Schnellstraße und biegen nach 500 Metern rechts in die **Holtstraße.** Wir lassen den Verkehrslärm hinter uns, fahren durch Felder und tauchen wenig später in den Wald ein. Zuvor müssen wir an einer Vorfahrtstraße rechts und 300 Meter weiter links abbiegen. Auf einem unasphaltierten und teils recht sandigen Weg fahren wir durch eine Bilderbuchlandschaft. Nur das Rauschen des Windes in den Wipfeln und das Zwitschern der Vögel dringt in diesem traumhaften Wald zu uns durch. Bei einem Wanderparkplatz verlassen wir diesen wieder, treffen bald darauf auf eine Kreuzung, an der wir geradeaus fah-

Berg und Tal

Im Osnabrücker Hügelland um Belm

Nettetal

ren. An der nächsten Abzweigung treffen wir auf das Nettetal und biegen rechts ab, dem Wegweiser „Rund um Belm“ folgend. Die kleine Straße führt uns durch den idyllischsten Teil des Tales. Nach 1 Kilometer biegen wir auf den Parkplatz an **Knollmeyers Mühle** ❶ ab, die hinter dem Parkplatz am Fluss liegt. Sie ist eine der ältesten Mühlen der Region und heute noch in Betrieb. Gegenüber bietet das **Gasthaus Knollmeyer** ❷ in seinem urigen Biergarten einfache, aber leckere Gerichte an. Gleich um die Ecke liegt der **Kletterwald Osnabrück** ❸, in dem sich Kinder und Erwachsene in schwindelnden Höhen zwischen den Bäumen bewegen.

Biergarten Knollmeyers Mühle

Wir fahren zurück zur Straße und weiter durch das Nettetal, halten uns beim Mühlteich an einer Abzweigung links und fahren weiter auf dem asphaltierten Sträßchen. Rechts von uns liegt nun **Rulle,** während sich links von uns die Nette durchs Tal schlängelt. Wir kreuzen schließlich eine Vorfahrtstraße über eine Verkehrsinsel und durchqueren für ein kurzes Stück einen Wald und kommen bei der **Wallfahrtskirche St. Johannes Apostel und Evangelist** ❹ heraus. Wir biegen rechts

Die Tour um Belm tangiert im Nettetal zwei weitere Touren und lässt sich gut mit diesen zu langen Ein- oder Zweitagestouren kombinieren: Tour 4 um Wallenhorst und Tour 6 um Osnabrück.

Für die Seele

Durch Täler, Wälder und kleine Dörfer radeln, sanfte Höhen erklimmen, Verstecktes vergangener Zeiten entdecken und in idyllischen Gärten entspannen.

in die Klosterstraße. Gleich links steht das **Ruller Haus** ⑤, daneben befindet sich ein offenes Gartentor, das zu einem hübschen Garten mit Picknickgelegenheit führt.

Am folgenden Kreisverkehr fahren wir geradeaus, biegen danach sofort links und gleich darauf rechts ab. Wir radeln nun durch die Parkallee parallel zur Hauptverkehrsstraße, bis wir am Ende über einen Zebrastreifen auf die rechte Seite der Wittekindstraße geleitet werden. Wir fahren an der Gabelung nach links bis zu einer T-Kreuzung, biegen hier rechts auf den Radweg und wechseln unmittelbar vor einem Kreisverkehr die Straßenseite. Am **Hotel Lingemann** ⑥ vorbei geht es nun die Straße Dörper Damm hinunter. An der gleich folgenden Gabelung halten wir uns rechts und biegen an der nächsten Möglichkeit erneut rechts ab. Nach 200 Metern biegen wir schon wieder rechts ab und folgen dem schmalen Sträßchen. Nach 1,4 Kilometern müssen wir unvermittelt scharf links Richtung Icker fahren (zur Orientierung: bei einem Verkehrszeichen 50). An der nächsten Gabelung fahren wir wieder rechts. Nach 900 Metern kommen wir an eine Kreuzung bei einem Trafohäuschen, wo wir rechts abbiegen müssen. Bald treffen wir auf eine Landstraße, an der wir links auf den parallel verlaufenden Radweg fahren.

Haus in Rulle

Bald erreichen wir das kleine Örtchen **Icker,** in dem wir nach einer großen Rechtsabzweigung links in eine kleine Wohnstraße, die als Radweg ausgeschildert ist, abbiegen. Schon gleich verlassen wir wieder den Ort und blicken auf eine wunderschöne ländliche Gegend mit Feldern, Höfen und bewaldeten Hügeln, die zum Wiehegebirge gehören. Nach 1,7 Kilometern – am höchsten Punkt angekommen – biegen wir rechts ab. Mit einem wunderbaren Blick ins Tal werden wir für den Anstieg belohnt. Bald geht es wieder talwärts und wir stoßen auf die **Lechtinger Straße,** auf der wir links auf den linksseitigen Radweg abbiegen. An einem Kreisverkehr geht es geradeaus weiter und wenig später biegen wir beim **Landgasthaus Hotel H. Kortlüke** ⑦ links nach **Vehrte** ab.

Nach 100 Metern liegt rechts der Straße der **Geologische Garten Vehrte** ⑧. Hier sind einige Findlinge aus unterschiedlichem Gestein ausgestellt, die alle während der Eiszeit aus Skandinavien in diese Region geschoben wurden. Direkt nebenan kann man unter der Friedenseiche auf einer Picknickbank Platz nehmen. Nach einer kurzen Pause und einer Geologielektion radeln wir weiter die Straße entlang bis zur nächsten Abzweigung, dort kurz rechts und dann sofort hinter dem Vehrter Ortsschild wieder links. Wir fahren die leicht ansteigende Straße 1,2 Kilometer geradeaus, biegen dann bei einem Friedhof und auch an der fol-

Landschaft bei Rulle

Großsteingrab Teufels Backtrog

genden T-Kreuzung rechts ab. Nach 230 Metern machen wir nach links einen Abstecher in den Wald und in die Vorgeschichte des Osnabrücker Landes. Gleich gabelt sich der Weg und wir gelangen links zu **Teufels Backtrog** ⑨. Von diesem Großsteingrab sind noch sieben Trag- und drei Decksteine vorhanden. 1920 soll es noch eine Einfassung gegeben haben. Wir folgen dem Weg noch ein Stück weiter und biegen dann rechts auf einen Pfad am Feldrand, der uns zu einer kleinen Baumgruppe führt, in der sich **Teufels Backofen** ⑩ versteckt. Von diesem malerisch gelegenen Ganggrab sind noch neun Trag- und vier Decksteine erhalten.

Wir fahren zurück zur Straße und setzen unseren Weg bergab fort. An einer Kreuzung biegen wir links entsprechend der Beschilderung Richtung **Ostercappeln** ab. Der Weg verlässt Vehrte und führt an Feldern vorbei zu einer T-Kreuzung, an der wir rechts fahren. Im weiteren Verlauf biegen wir rechts ab, um über eine Brücke eine Bahnlinie zu kreuzen, und gleich danach fahren wir nach links. Nach 1 Kilometer biegen wir an einer Wohnsiedlung rechts in die Straße **Bergfrieden** ab. An der Vorfahrtstraße ein Stück weiter, fahren wir links auf einen Radweg und kreuzen nach wenigen

Landschaft bei Belm

Metern die **B 65** an einem Überweg. Wir folgen der schmalen Straße Oberhaaren, wobei wir uns an dem Wegweiser „Rund um Belm" orientieren können. Schließlich erreichen wir eine Anhöhe, von der wir einen weiten Blick über das Osnabrücker Hügelland haben. An einer Kreuzung bei einem Wanderparkplatz, knapp 2 Kilometer nach der Überquerung der **B 65,** biegen wir rechts Richtung Belm ab. Über einen teils nicht asphaltierten Weg kommen wir vorbei an Wald, Wiesen und Feldern und erreichen bei leichter Talfahrt ein Gehöft. Hier halten wir uns links und danach immer geradeaus. Wir kommen durch eine winzige Siedlung und blicken danach rechts über eine schöne Auenlandschaft, obwohl der sie durchquerende Halterner Bach brutal kanalisiert wurde.

Staudengarten in Belm

An der folgenden Kreuzung folgen wir nun nicht mehr dem Wegweiser „Rund um Belm", sondern biegen rechts Richtung **Belm** ab. Nach 1,4 Kilometern endet die idyllische Fahrt durch die Aue am östlichen Ortsrand von Belm, wo wir an einer T-Kreuzung auf die **Lindenstraße** treffen. Schräg rechts gegenüber sehen wir ein ehemaliges Sägewerk, hinter dem sich ein üppig blühender kleiner **Staudengarten ⑪** versteckt. Auf einer Bank kann man hier dem Rauschen des Mühlenbachs lauschen. Zurück an der Lindenstraße, direkt beim Kreisverkehr, gibt es die **Bäckerei Steuwer ⑫** mit Bistro und Café, davor eine Ladestation für

Der Turm der ***Kirche St. Dionysius*** *stammt aus dem 12., das Langhaus mit dem schönen Portal aus dem 13. Jahrhundert. Im Inneren fallen besonders das alte Taufbecken und die farbigen Schlusssteine ins Auge.*

E-Bikes. Links neben der Bäckerei erhebt sich die mittelalterliche katholische **Kirche St. Dionysius** ⑬, die wir besichtigen sollten.

Wir fahren die Straße, die gegenüber in den Kreisverkehr mündet, ein kleines Stückchen hoch und biegen zwischen dem nächsten Gebäude und einer weiteren Kirche links in den Hof ab. Dort finden wir den ebenfalls etwas versteckten **Bauerngarten an der Christuskirche** ⑭. Bänke unter einer Weidenlaube laden auch hier zum Verweilen ein.

Wir fahren zurück auf der Straße an der Kirche vorbei und biegen rechts in den **Heideweg** ab, auf dem wir uns an der ersten Gabelung an einer modernen Friedhofskapelle links halten – leicht erhöht auf einem Hügelrücken mit schönem Blick über weite Felder. An einer Abzweigung ignorieren wir den Radweg „Rund um Belm" und fahren geradeaus bis zum Waldrand, an dem wir rechts abbiegen. Kurz darauf erreichen wir den südwestlichen Ortsrand von **Belm.** Nach 400 Metern treffen wir auf eine Kreuzung mit einer Fahrradspur auf der Fahrbahn. Wenn man hier der Bergstraße 450 Meter geradeaus folgt und sich an einer Gabelung links hält, trifft man auf die Bremer Straße mit der Haltestelle des FreizeitBusses. Um zum Ausgangspunkt im **Strothmannsweg** zurückzugelangen, biegen wir auf der Fahrradspur links ab in den Heideweg und radeln dann gleich rechts in eine Spielstraße. Am Strothmannsweg halten wir uns rechts und erreichen gleich darauf unseren Ausgangspunkt.

In der Kirche St. Dionysius

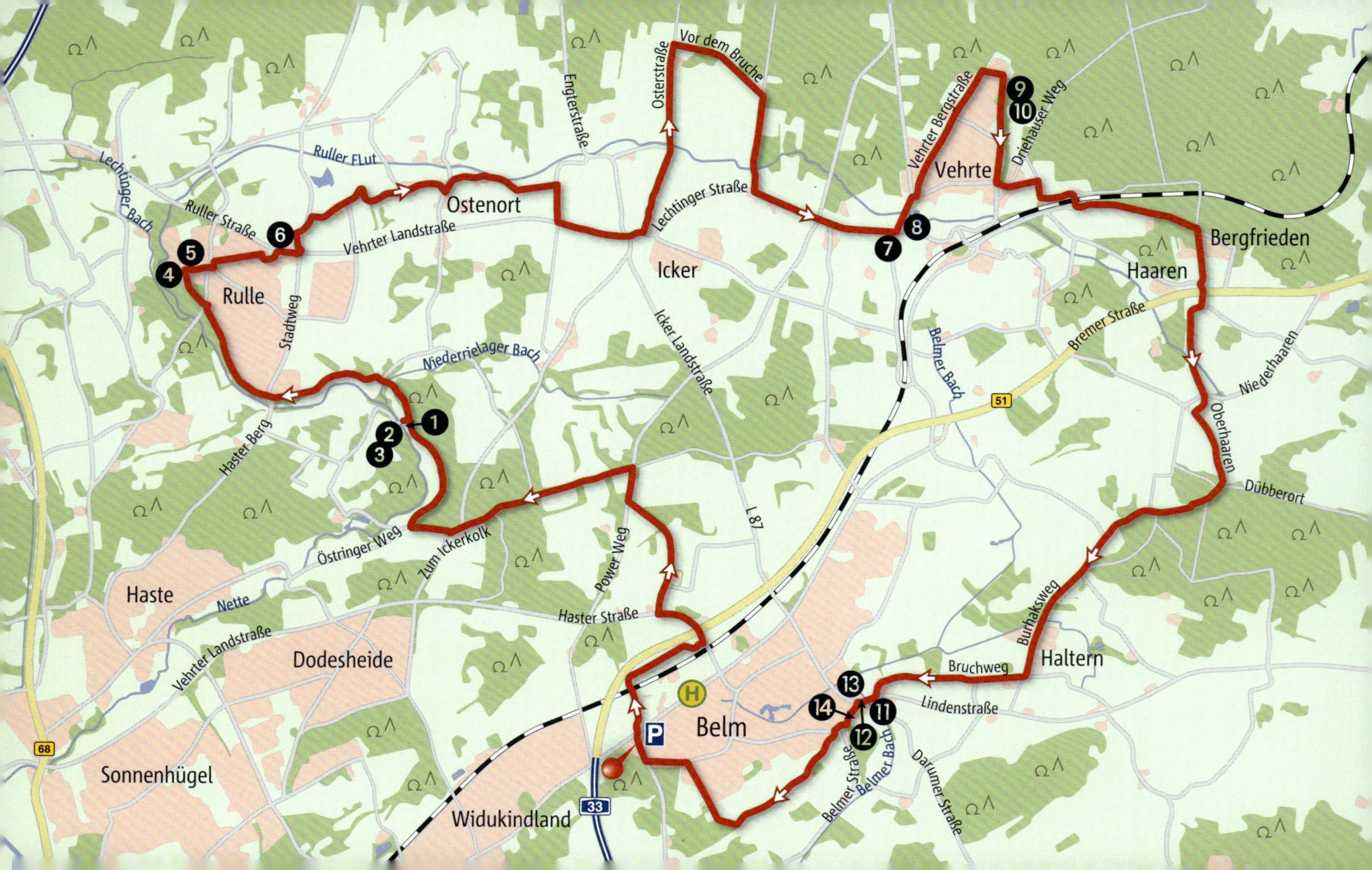

Vor dem Bruche
Osterstraße
Engterstraße
Ruller Flut
Vehrter Bergstraße
Driehauser Weg
Vehrte
Lechtinger Bach
Ruller Straße
Ostenort
Vehrter Landstraße
Lechtinger Straße
Bergfrieden
Haaren
Icker
Rulle
Stadtweg
Bremer Straße
Niederrielager Bach
Icker Landstraße
Belmer Bach
51
Niederhaaren
Oberhaaren
Haster Berg
Dübberort
L 87
Östringer Weg
Zum Ickerkolk
Power Weg
Burhaksweg
Haste
Nette
Haster Straße
Vehrter Landstraße
Dodesheide
Haltern
Bruchweg
Lindenstraße
Belm
68
Belmer Straße
Belmer Bach
Darumer Straße
Sonnenhügel
33
Widukindland

Alles auf einen Blick

WIE & WANN:

Größtenteils kaum befahrene Straßen, Forstwege und vorwiegend asphaltierte Feldwege, zahlreiche leichte Steigungen. Ganzjährig gut befahrbar, am schönsten von Frühling bis Herbst

HIN & WEG:

Auto: Parken am Straßenrand im Strothmannsweg, 49191 Belm (GPS: 52.299248, 8.112514)
ÖPNV: Fahrradbus FreizeitBus, Linie 200 Dümmer-See, Haltestelle Belm Josefkirche

ESSEN & ENTSPANNEN:

Gasthaus Knollmeyer ❷ Nettetal 4, 49134 Wallenhorst, Tel. (0 54 06) 44 32, www.gasthaus-knollmeyer.de
Hotel Lingemann ❻ Vehrter Landstraße 21, 49134 Wallenhorst, Tel. (0 54 07) 61 26, www.hotel-lingemann.de
Landgasthaus Hotel H. Kortlüke ❼ Venner Straße 5, 49191 Belm, Tel. (0 54 06) 83 50-0, www.hotel-kortlueke.de
Bäckerei Steuwer ⓬ Lindenstraße 75, 49191 Belm, Tel. (0 54 06) 31 03, www.baeckerei-steuwer.de

ENTDECKEN & ERLEBEN:

Knollmeyers Mühle ❶
Kletterwald Osnabrück ❸ Nettetal 4, 49134 Wallenhorst, Tel. (05 41) 99 89 98 41
Wallfahrtskirche St. Johannes Apostel und Evangelist ❹
Ruller Haus ❺ Klosterstraße 4, 49134 Wallenhorst
Geologischer Garten Vehrte ❽
Teufels Backtrog ❾
Teufels Backofen ❿
Staudengarten ⓫
Kirche St. Dionysius ⓭
Bauerngarten an der Christuskirche ⓮

Entspannung ★★★★☆
Genuss ★★★☆☆
Erlebnis ★★★★★☆

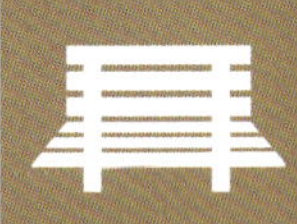

Schloss Harkotten
40,3 Kilometer
90 Höhenmeter
3,5 Stunden
Rundtour

In **Glandorf** ist der Ausgangspunkt der Zentrale Omnibusbahnhof der 6.500-Seelen-Gemeinde. Wir starten Richtung Kirchturm, fahren vor einem Fahrradgeschäft links und dann gleich rechts, womit wir schon den zentralen Platz und die erste Sehenswürdigkeit erreicht haben. Unter der Oberfläche schlummerte – lange vergessen – die über 100 Jahre alte **Zisterne unter dem Thie** ①, die 2010 im Rahmen einer Platzneugestaltung saniert und für Besucher sichtbar gemacht wurde. Die Sichtbarkeit hängt allerdings stark von der Beleuchtung und vom aktuellen Zustand des Sichtfensters ab.

Wir fahren am **Eiscafé Dolomiti** ② vorbei und auf die katholische **Pfarrkirche St. Johannis** zu, nehmen den Weg unmittelbar vor der Kirche rechts, am Kirchhof vorbei, und halten uns dann rechts. Vor einer Baumreihe,

Glandorf

Landpartie

Im Grenzland um Glandorf

die uns von der **B 51** trennt, fahren wir links in die **Gartenstraße,** die am Ende links abknickt. Nach 50 Metern biegen wir im 180-Grad-Winkel nach rechts ab, nehmen die Unterführung unter der Bundesstraße hindurch, setzen die Fahrt auf einem kleinen Landsträßchen fort und verlassen Glandorf.

Links vor uns erscheint ein großes weißes Fachwerkgehöft, auf dem Pferde gezüchtet werden, und am Ende der Allee liegt direkt vor uns die alte **Merschmühle 3,** die seit 30 Jahren mit Wasserkraft Strom produziert. Auch den romantischen Mühlenteich sollten wir uns einmal ansehen. Kurz vor der Mühle biegt unsere Route an einem Kruzifix unter alten Eichen rechts ab. An einer Gabelung halten wir uns rechts und folgen der Glandorfer Erlebnisroute Richtung **Füchtorf.** An einer Kreuzung unter alten Bäumen fahren wir geradeaus in eine Sackgasse für Autos, bevor unser Weg schließlich in einen Eichenwald eintaucht. An der ersten Abzweigung im Wald biegen wir links ab und werden unbemerkt zu Grenzgängern, da wir hier die Landesgrenze nach Nordrhein-Westfalen übertreten. An einer weiteren Gabelung folgen wir einem roten Radwegesymbol nach rechts. Weiter geht es durch den Wald. Kurz vor der **B 475** biegt der Weg scharf links ab und führt nun geradeaus über die Bever und einen Wassergraben auf das **Schloss Harkotten 4** zu. Das schö-

Hof bei Glandorf

Café Schloss Harkotten

ne Herrenhaus der Doppelschlossanlage ist aber nur nach Voranmeldung zu besichtigen. Linkerhand befindet sich das ehemalige Wirtschaftsgebäude, dessen Kuhstall nun unter dem Namen **Wappensaal** 5 in gediegener Atmosphäre an Wochenenden Mittagstisch und Kaffee und Kuchen anbietet. Draußen sitzt man wunderschön im Biergarten mit Blick auf das tolle Anwesen.

Über die beiden Brücken zurück, biegen wir links ab und setzen unsere Tour fort. Etwa 100 Meter vor der B 475 halten wir uns schräg links, um die Straße zusammen mit der Bever in einer Unterführung zu

Die heutige Schlossanlage von Harkotten geht auf eine mittelalterliche Wasserburg zurück. Nach dem Tod des Erbauers Heinrich II. von Korff teilten seine beiden Söhne den Besitz unter sich auf, weshalb zwei getrennte Herrenhäuser existieren.

Für die Seele

Auf ebenen Wegen durch unberührte Natur radeln, frische Waldluft atmen, den Blick über wogende Felder schweifen lassen und bei einem Picknick entspannen.

Dinkelhof Horstmann

kreuzen. Dazu müssen wir aber auf die andere Seite des Wassers und der Beschilderung der Glandorfer Entdeckertour wieder folgen. Zunächst geht es zwischen Bundesstraße und Feldern weiter. Vor dem Gelände des Schützenvereins **Füchtorf** fahren wir auf eine kleine Straße nach rechts. Nach 600 Metern treffen wir bei einer Gewerbehalle auf eine Abzweigung mit einem roten Radwegesymbol, dem wir nicht folgen, sondern stattdessen geradeaus weiterfahren. Wenig später überqueren wir eine Vorfahrtstraße und fahren 1 Kilometer weiter am Ortsrand von Füchtorf bis zu einer Kreuzung bei einem Bauernhof, wo wir rechts auf die Straße Düpe abbiegen. Nach 1,2 Kilometern folgen wir einem roten Radwegesymbol an einer Abzweigung nach links. Der von jungen Eichen gesäumte Weg führt geradeaus durch ausgedehnte Felder. Vor einem Kiefernwäldchen knickt der Weg nach links ab. An der nächsten Kreuzung müssen wir gleich wieder rechts abbiegen. Wenig später biegen wir an einer Schutzhütte dem roten Radsymbol folgend links ab.

Kinder in der Bever

An der nächsten Gabelung halten wir uns rechts und biegen an der darauffolgenden Abzweigung dem roten Wegweiser nach rechts folgend ab. Danach treffen wir auf eine Landstraße, biegen links ab und nach rund 150 Metern beim Hinweisschild zum Hof Horstmann wieder rechts. Wir überqueren die Bever und mit ihr auch zum letzten Mal die Landesgrenze zurück nach Niedersachsen. Rechts stoßen wir auf den **Dinkelhof Horstmann** ❻. Der Name ist Programm, denn der Hof baut Dinkel in großem Stil an und verkauft Vollkornmehl in seinem Hofladen. Selbst gebackener Din-

Wenn man an der Schutzhütte geradeaus weiterfährt, erreicht man nach 500 Metern den ***Spargelhof Hüchtker,*** *wo man sich zur Saison mit frischem Biospargel im Hofladen eindecken kann.*

kelkuchen wird bei schönem Wetter im Hofcafé mit schönem Biergarten angeboten. Auch campen und sich im Swin-Golf üben ist möglich.

Wir fahren auf dem schmalen Sträßchen, das am Hof vorbeiführt, ein Stück weiter genau auf der Ländergrenze, kreuzen kurz darauf die **Sudendorfer Straße** und folgen wieder der Glandorfer Erlebnistour. Links von uns liegt der zum Münsterland gehörende Mischwald **Vinnenberger Busch,** rechts von uns Felder und Wälder des Osnabrücker Lands. Nach 1 Kilometer biegen wir an einer Kreuzung, an der es links zum Vinnenberger Kloster geht, rechts auf die Straße **Vennenberger Heide.** Dem Verlauf des mit Bäumen und Sträuchern gesäumten Weges folgen wir nun 2,6 Kilometer, bis wir auf die Abzweigung, die rechts zum **Gut Oedingberge** 7 führt, treffen. Die

Mühle Gut Oedingberge

Spargelfeld

weißen Fachwerkhäuser haben wir schon aus der Ferne hinter den Feldern aufleuchten sehen. Wir machen einen kurzen Abstecher dorthin, um die schöne Anlage mit einer Mühle aus dem Jahr 1797 von außen anzuschauen.

Findlinge David und Goliath

Zurück an der Abzweigung setzen wir unsere Fahrt fort, bis wir auf die **B 51** stoßen. Hier liegt rechts die **Gaststätte Zurborn 8**. Wir überqueren die Bundesstraße und fahren auf einer schmalen Straße lange geradeaus. Die unterwegs nach links abzweigende Glandorfer Erlebnisroute ignorieren wir. Schließlich treffen wir in **Schwege** auf die Hauptstraße und biegen rechts Richtung Ortsmitte ab. Rechts, in der **Bäckerei-Konditorei Wolke 9** mit kleinem Lebensmittelladen, kann man sich für ein Picknick eindecken. Kurz vor der Bäckerei zweigt scharf links die Straße Up de Haar ab, an der wir wieder auf die Glandorfer Entdeckertour treffen. An der nächsten Kreuzung mit einer Vorfahrtstraße biegen wir rechts ab, fahren auf dieser schnurgerade gut 1 Kilometer weiter und biegen wieder an einer Kreuzung rechts ab. Nach weiteren 1,5 Kilometern biegen wir zusammen mit der Glandorfer Entdeckertour links ab und folgen ihr auch an einer weiteren Abzweigung nach rechts, über die wir bald die **B 475** erreichen. Wir überqueren diese und sehen links direkt an der Straße den **Findling David und Goliath 10**. Letzterer ist mit seinen 63 Tonnen einer der schwersten in ganz Nordwestdeutschland.

Wir biegen hinter den Findlingen links auf einen Weg, der durch wunderschöne parkähnliche Landschaft mit Baumreihen und kleinen Wäldchen führt.

***David und Goliath** waren ursprünglich ein Findling, der bei Flurbereinigungsarbeiten bei Glandorf-Averfehrden freigelegt wurde. Dabei brach das als David bezeichnete Stück heraus*

Kornblumen bei Glandorf

An einer T-Kreuzung fahren wir rechts und an der nächsten Kreuzung biegen wir links ab. Nach knapp 500 Metern treffen wir auf eine abknickende Vorfahrtstraße, auf der wir 80 Meter geradeaus fahren und rechts in den **Kalberkamp** abbiegen – vor uns eine Gruppe Windkraftwerke und links sind die bewaldeten Hügel des **Teutoburger Waldes.** Wir folgen der Straße, die nach 2,6 Kilometern den Namen zu **In der Heide** wechselt und kurz darauf rechts abknickt. Schließlich erreichen wir das Gewerbegebiet in **Glandorf,** wo unser Weg die **B 51** tangiert. An der Auf- und Abfahrt zur B 51 vorbei fahren wir auf der Osnabrücker Straße weiter, ausgeschildert mit „Osning-Route". Nach 500 Metern verlassen wir zu Beginn der 30er-Zone die Radroute, biegen rechts in die **Nordstraße** ein, an der nächsten Kreuzung links und gleich danach wieder rechts ab. An der **Windmühle Glandorf ⑪** – eine Galeriewindmühle, in der heute Ausstellungen, Lesungen und Konzerte stattfinden – biegen wir erneut links ab.

Windmühle Glandorf

Wir fahren die Windmühlenstraße hinunter zur Osnabrücker Straße und biegen rechts Richtung **Ortsmitte** ab. Auf dem Weg kommen wir noch an der **Fleischerei Erpenbeck ⑫,** die auch Mittagstisch anbietet, und am netten **Café Muck ⑬** vorbei. Wer es exotisch mag, kann sich im **Bao Long Asia Spezialitäten ⑭** niederlassen. Nun müssen wir nur noch den Platz **Am Thie** überqueren und sind wieder am Ausgangsort unserer Tour angelangt.

Bullerbach
51
Glaner Bach
Mühlenbach
Kalberkamp
475
Laudieker Kanal
Heidestraße
Liener Landweg
Hemelinger Weg
Dümmer Bach
10
Kattenvenner Straße
12
13
14
Laersche Straße
11
Glandorf
Iseldamm
Dammkuhlenweg
1
3
P
H
2
Rasender Boller
Wipsenbach
Linksseitiger Talgraben
Schwege
9
Hauptstraße
Münsterstraße
51
Grottweg
Sudendorfer Straße
475
Alter Kirchweg
Greifestraße
5
4
7
Oedingberger Bach
8
Im Hofort
Milter Straße
Bever
Füchtorf
Milter Straße
Sudendorfer Straße
Westvenngraben
6
Gröblinger Straße
Beverstrang

Alles auf einen Blick

WIE & WANN:

Größtenteils kaum befahrene Straßen und asphaltierte Feldwege, einige Forstwege, keine Steigungen. Ganzjährig gut befahrbar, am schönsten von Frühling bis Herbst

HIN & WEG:

Auto: Parkplatz am ZOB, Parkring, 49219 Glandorf (GPS: 52.080995, 8.000440)
ÖPNV: Fahrradbus FreizeitBus, Linie 400 Teuto-Region, Haltestelle Glandorf ZOB

ESSEN & ENTSPANNEN:

Eiscafé Dolomiti ❷ Am Thie 5, 49219 Glandorf, Tel. (0 54 26) 28 29
Wappensaal ❺ Harkotten 2, 48336 Sassenberg, Tel. (0 54 26) 26 38, www.schlossharkotten.de
Dinkelhof Horstmann ❻ Sudendorfer Straße 25, 49219 Glandorf, Tel. (0 54 26) 22 68, www.hofhorstmann.de
Gaststätte Zurborn ❽ Münsterstraße 53, 49219 Glandorf, Tel. (0 54 26) 40 75, www.gaststaette-zurborn.de
Bäckerei-Konditorei Wolke ❾ Hauptstraße 27, 49219 Glandorf, Tel. (0 54 26) 22 88, www.wolkes-backideen.de
Fleischerei Erpenbeck ⓬ Osnabrücker Straße 3, 49219 Glandorf, Tel. (0 54 26) 33 15, www.fleischerei-erpenbeck-glandorf.de
Café Muck ⓭ Osnabrücker Straße 1, 49219 Glandorf, Tel. (0 54 26) 33 81, www.bäckerei-sd.de
Bao Long Asia Spezialitäten ⓮ Am Thie 2, 49219 Glandorf, Tel. (0 54 26) 94 68 13

ENTDECKEN & ERLEBEN:

Zisterne unter dem Thie ❶
Merschmühle ❸
Schloss Harkotten ❹ Tel. (0 54 26) 80 76 77
Gut Oedingberge ❼
Findling David und Goliath ❿
Windmühle Glandorf ⓫

Entspannung ✸✸✸✸✸
Genuss ✸✸✸✸✸
Erlebnis ✸✸✸✸✸

Die GPS-Daten zu jeder Tour gibt es auf
www.droste-verlag.de

© 2021 Droste Verlag GmbH, Düsseldorf
Konzeption/Satz: Droste Verlag, Düsseldorf
Einbandgestaltung: Britta Rungwerth, Düsseldorf, unter Verwendung von Fotos von © Fotolia.com: Andrey Kuzmin, undrey, dabost, niroworld; © stock.adobe.com: Halfpoint
Fotos: Ernst Wrba
Karten: Thorsten David, Bochum
Druck und Bindung: LUC GmbH, Greven

Alle Angaben in diesem Buch wurden sorgfältig recherchiert und geprüft. Für die Richtigkeit der Angaben, für etwaige Unfälle und Schäden jeglicher Art kann keine Haftung übernommen werden; die Nutzung erfolgt auf eigenes Risiko. Abweichungen, die nach Redaktionsschluss erfolgten, konnten nicht mehr berücksichtigt werden. Hinweise und Änderungen nehmen wir gern entgegen.

ISBN 978-3-7700-2242-7
www.droste-verlag.de